Für Otto und Rasmus!

Elmar Müller

Manegenzauber

Kinder spielen Zirkus

Don Bosco Verlag

CIP-Titelaufnahme der Deutschen Bibliothek

Müller, Elmar:
Manegenzauber: Kinder spielen Zirkus / Elmar Müller. –
1. Aufl. – München: Don-Bosco-Verl., 1989
    ISBN 3-7698-0617-4

1. Auflage 1989 / ISBN 3-7698-0617-4
© by Don Bosco Verlag, München
Umschlaggestaltung und Grafiken: Heike Wiggers, Münster
Notengrafik: Randy R. Cole, Wörthsee
Fotos: Kinder- und Jugendkunstschule Münster (K. Lotze,
R. Lehn, V. Kuhlhüser, H. Luckmann) und Heike Girschner,
Eberhard Pinz, Peter Wulf
Gesamtherstellung: G. J. Manz AG, Dillingen

Inhaltsverzeichnis

Hereinspaziert

Refr.

Her - ein - spa - ziert! Her - ein - spa - ziert in

un - ser Zir - kus-, Zir - kus - zelt! Her -

ein - spa - ziert! Her - ein - spa - ziert in

un - ser Zir - kus - zelt! Wir la - den ein zur

Zir - kus - show, die al - len gut ge - fällt.

(Text: Rolf Krenzer/Musik: Ludger Edelkötter, aus: IMP 1024 „Hast du etwas Zeit für mich". Alle Rechte beim Impulse-Musikverlag, Natorp 2,
4406 Drensteinfurt 1)

I. Geschichten vom Zirkus

1. Prolog

Was macht man in den Ferien,
wenn keiner ist zu Haus?
Man liest und spielt,
schläft lang und viel
und geht auch oft hinaus.
Wenn aber schlechtes Wetter ist
und man hat nichts zu tun?
Oder wenn man es leid ist,
sich ewig auszuruhn?
Dann geht man zum Zirkus Paletti,
da gibt es für jeden was:
Artisten, Clowns, Akrobaten
und jede Menge Spaß!
Wir machen Musik
und wir tanzen.
Wir laufen auf Stelzen sogar.
Ein Zirkus von Kindern für Kinder,
ja, das ist wunderbar!

Anna Misera (9 Jahre)

Dieses Gedicht schenkte uns Anna nach einer gemeinsamen Paletti-Ferienaktion. Zirkus Paletti, ein kulturpädagogisches Projekt, entstand in der Kinder- und Jugendkunstschule in Münster.
Was Kinder und Erwachsene in diesem Zirkus erfahren haben, ist wesentlicher Bestandteil dieses Handbuches.

Es ist für alle Erwachsenen gedacht, die Zirkus mit und von Kindern ab ca. 6 Jahren anregen oder selbst machen wollen. Es beschreibt das Thema Kinderzirkus als Projektbeispiel, gibt Anregungen zu weiteren kulturpädagogischen Aktionen und enthält eine Unzahl wichtiger Tips zum Selbermachen.
Diese Hinweise, die Fotos und die Gestaltung machen deutlich, wie lustvoll eine solche phantasiereiche Arbeit mit Kindern ist.
Ich trete mit diesem Buch ein für einen atmosphärischen Zirkus – nicht für einen Leistungszirkus, für einen poetischen – nicht für einen Sensationszirkus. Diese Zirkusarbeit hat wenig mit dem realen Zirkusleben zu tun! Dem Zirkus, wie er heute noch existiert, entlehnt sie einzelne Inhalte, Techniken und Formen und gestaltet sie um. Dafür müssen wir dem wirklichen Zirkus respektvoll danken.
Die vorgestellte Arbeit ist Teil kulturpädagogischer Arbeit, die unter anderem die Erweiterung von Grenzen für Menschen, Gruppen und Lebensräume anstrebt. Schon deshalb geht es nicht darum, „Zirkus" nachzuahmen. Vielmehr soll dieses Buch und dieses Thema Ausgangspunkt für einen „ureigenen Zirkus" sein. Es versteht sich auch als Fundgrube für andere kulturpädagogisch orientierte Arbeit von Erwachsenen, um Kindern vielfältige Möglichkeiten des Selbstausdrucks anzubieten.
Ich wünsche allen Leserinnen und Lesern viel Spaß!

Elmar Müller

Eine Geschichte zum Vorlesen

Wollt ihr wissen, wie ich zum Zirkus gekommen bin?

Es ist eigentlich noch gar nicht lange her, ich war noch ein kleines Mädchen, da zog ein Zirkus in unsere Stadt.

Ich bin natürlich mit meinen Eltern gleich in der ersten Vorstellung gewesen. Das war die schönste Zirkusvorstellung, die ich je gesehen habe! Vor lauter Aufregung habe ich sogar mein Schminkköfferchen, das ich immer bei mir hatte, unter der Sitzbank im Zirkus vergessen. Ich träumte nachts wie wild vom Zirkus und auch den ganzen nächsten Tag. Erst abends fiel mir mein kleiner Koffer wieder ein. Den mußte ich unbedingt wieder haben, weil meine ganze Schminke drin war. Ich sagte meinen Eltern nichts davon und schlich mich abends heimlich aus dem Haus. Gott sei Dank, daß der Zirkus noch da war! Ich lief 'rüber zum Zelt, hob die Plane hoch, kroch hinein . . .

Und dann . . . ihr werdet es nicht glauben!?! Stockfinster! Ich konnte fast nichts sehen. Wie sollte ich nur mein Köfferchen finden?

Plötzlich flogen Lichtpunkte durch die Luft. Sie kreisten ein paarmal um meinen Kopf und saßen dann still auf einer Stange. „Hey, du störst uns", sagten die Lichtpunkte. Was meint ihr, was da vor mir auf der Stange hockte? Waschechte Zirkusglühwürmchen!

„Wir haben gerade eine äußerst wichtige Probe!" „Probe?" fragte ich ungläubig, „was für 'ne Probe?" – „Dürfen wir uns vorstellen? Die ersten Glühwürmchen-Clowns: Klips, Zisch und Pitsch! Und wie heißt du?" fragten sie mich. „Berta Nudel", antwortete ich.

„Laaangweilig . . .", meinte eines von den dreien. „Gar nicht! Der beste Clowninen-Name", sagte ich und wollte weggehen, aber ich stolperte und fiel hin.

Augenblicklich fing jemand ganz laut zu lachen an . . .

Am Manegenrand standen zwei Ratten auf den Hinterpfoten, hielten sich die Bäuche und glucksten und prusteten sich halb tot.

„Hochverehrtes Publikum", riefen sie auf einmal, „Los Rattellis – die Lebensmitteljongleure!" Dabei holten sie Käsestückchen hervor und jonglierten damit.

Die Zirkusratten sahen vielleicht komisch aus! Sie hatten sich ihre Wangen rot geschminkt und trugen riesige falsche Wimpern, so wie ich sie in meinem kleinen Koffer habe . . . Jetzt erst fiel mir auch auf: Die

Glühwürmchen hatten sich auch geschminkt – einen breiten, lachenden Clownsmund!

Wenn ihr mir das alles auch nicht glaubt, jetzt sausten auch noch Vögel von der Zeltkuppel herab!

Sie setzten sich auf ein Drahtseil, warfen sich in die Brust und riefen: „Ach was! Clowns, Jongleure . . .! Seht her, was wir können! Hochseilakrobatik!"

Das waren Tauben mit goldglitzerndem Schnabel. Sie hatten sich viele Ringe auf den Körper gemalt und so stolzierten sie auf dem Drahtseil herum. „Öööööh!" riefen die Zirkusratten und winkten ab, „das ist ja kitze-kinderleicht für euch." – „Na und . . .", murmelten da die Ringeltauben und waren ganz schön geknickt.

Urplötzlich ging der Vorhang auf! Herein kam ein riesiger Löwe mit knallrot geschminkten Lippen.

Die anderen Tiere haben sich verdammt schnell verkrümelt. Der Löwe sprach mit voller Baßstimme: *„Keine Angst, Jungs und Mädels, ich mach nur 'nen Gang zur Kontrolle, ob alles o. k. ist, jawolle!"*

Damit war er auch schon wieder weg.

„Ach – das war ja nur Goethe, der dichtet immer . . .", sagte ein Rattelli, „sein Bruder ist schon unberechenbarer. Heißt übrigens auch Tarzan. Der will immer auftreten mit dem Stück ‚Tarzan und die Gorillafrau', in die er sich unsterblich verliebt hat und deshalb mit einem Gorillamann um sie kämpfen muß."

Ich hab' gar nicht mehr hingehört, weil mir Goethes Lippen so aufgefallen sind. Haargenau die Farbe hatte auch mein Lippenstift! Merkt ihr was . . .?! „Ihr habt mein Schminkköfferchen, gebt es mir wieder . . ., los!" rief ich ärgerlich.

„Nö, nö", die ganze Bande schüttelte energisch den Kopf, „wir nicht . . ." Weil es jetzt so merkwürdig still wurde, konnten wir es ganz deutlich hören: Es kam von draußen . . ., ein ganz fürchterliches Fauchen und Brüllen. Sofort rannten wir los.

„Es kommt von den Stallzelten dahinten", rief eine Zirkusringeltaube im Flug. Das war am anderen Ende der Zirkusstadt.

Der Löwe Tarzan kämpfte dort wie wild mit einem Mädchen. Das wehrte sich unglaublich mutig. Geschickt duckte es sich, wenn wieder ein kräftiger Prankenhieb durch die Luft sauste. Dann sprangen sie aufeinander los und wälzten sich wie rasend auf dem Boden, so daß wir nicht wußten, wer oben, wer unten lag. Erde flog durch die Gegend. Tarzan riß immer wieder sein gewaltiges Maul auf, und auch das Mädchen schrie aus Leibeskräften. Die Tiere riefen dazwischen, Tarzan solle aufhören, aber der Kampf wurde immer verbissener. Die Glühwürmchen versuchten, seinen Kopf zu umkreisen, damit er Sterne sehen sollte. Sie umkreisten aber Goethes Kopf, der sich mittlerweile eingemischt hatte. Die Ratten warfen mit Käsestückchen, und die Tauben wollten schnell Hilfe holen, aber . . . plötzlich lag das Mädchen still am Boden.

Tarzan wischte sich den Schweiß von der Stirn, stellte sich auf seine Hinterbeine, ein Bein auf das Mädchen, und sperrte sein Maul auf . . .

Da zupfte ihn das Mädchen am Fell. „Denk dran, nicht ganz so laut", flüsterte es. Der Löwe nickte und brüllte ganz leise. Dann sah er sich ganz unsicher um. „Ich hab' ja gar keine Gorillafrau", flüsterte er zum Mädchen runter. Das war wie ein Gorillamann geschminkt! Sie öffnete ein Auge, sah sich kurz um . . . „Nimm doch die da", sagte sie und zeigte auf mich.

Tarzan stolzierte erhobenen Hauptes geradewegs auf mich zu, schüttelte mir kräftig die Hand und gab mir einen dicken Kuß auf den Mund. Dabei grinste er verlegen und verdrehte die Augen nach oben.

„Klasse! Kann so bleiben", meinte das Mädchen, stand auf und schlug sich den Dreck aus ihren Klamotten. „Kannst du schon morgen mit auftreten", sagte sie zu Tarzan, dem Löwen. „Machst doch wohl auch mit, oder!?" fragte sie mich.

Ich wußte nicht so recht. Aber Jenny, so hieß sie, sie war übrigens Direktoren-Tochter, also Jenny hatte mich schnell überredet. Außerdem gab sie mir sofort meinen kleinen Schminkkoffer zurück, als sie hörte, daß er mir gehörte. Und weil er fast leer war, ihr wißt schon warum, legte sie noch ganz tolle Schminke dazu.

Am nächsten Nachmittag veranstaltete der Zirkus eine Sondervorstellung, und ich war zum erstenmal dabei, als Gorillafrau! Ach ja, für die Ankündigung durch den Direktor hat mich Jenny noch schnell von Berta Nudel in Roberta Ravioli umgetauft . . .

---

3. „Wie es anfing . . .!"

Eine kleine Zirkus-Kultur-Historie

Erst im späten 18. Jahrhundert entpuppte sich in Europa die Unterhaltungskunst „Zirkus" zu dem, was wir heute noch darunter verstehen. Seine Entstehung und seine Verwandlungen wurden entscheidend beeinflußt durch die ökonomischen Verhältnisse und den auch daraus resultierenden Vergnügungsbedürfnissen der Bevölkerung.

Angefangen hat es mit der sogenannten „Englischen Reiterei" um 1760. Das waren abgedankte Kavallerie-Offiziere, die mit dem einzigen, was sie wirklich kannten, dem Reiten, Geld verdienen wollten. Sie entwickelten akrobatische Übungen auf dem Pferd und auch Pferdedressuren ohne Reiter; beispielsweise „tot stellen", mit den Hufen zählen, apportieren . . .

Eine kreisrunde Piste (13–16 m Durchmesser) eignete sich dazu viel besser als die Rechtecke der alten Kunstreiterei, weil die Pferde darin gleichmäßiger laufen konnten. Das war die Geburt der Manege! Weil es für ihre Aufführungen noch keine festen Gebäude gab, zogen die Reiter von Jahrmarkt zu Jahrmarkt, stellten sich auf den jeweiligen Geschmack der Leute ein und kamen natürlich in Kontakt mit typischen Jahrmarktssensationen. So wurde die Reiterei beispielsweise sehr stark durch den Seiltanz geprägt.

Mit der beginnenden Industrialisierung und der Zunahme entfremdeter Arbeit steigerte sich auch das Vergnügungsbedürfnis. So entstand der Nährboden dafür, daß sich die Reiterei zu einem eigenständigen Genre entwickeln konnte. Alte Jahrmarktskünste und Reiterei, das sind die Eltern des Kindes Zirkus! Den abgedankten Dragoner der englischen Armee Phillip

Christian Müller Kamin
Nürnberg Aoj 64 7. 18 May.

Astley könnte man als seinen Ziehvater bezeichnen: 1772 Gründung einer „Ridingschool" in London, 1779 Umbau zum „Amphitheater of arts" (Pferdetheater), erstes Zirkusgebäude, 1782 Englisches Amphitheater in Paris (Pferdezirkus mit Athleten, Schauobjekten, Seiltänzern . . .).

Das Kind konnte größer werden, weil die kleinen Leute und auch der Adel auf ihre Kosten kamen. Mit dem wachsenden Selbstbewußtsein des arbeitenden Volkes wuchs auch sein Einfluß auf die Art des Vergnügens. Sitzreihen, von denen alle gleich gut sehen konnten (Amphitheater), waren ein Ergebnis dieses Einflusses.

Im Zirkus entwickelte sich der Seiltanz zur edlen „Hohen Kunst", Pantomime bestimmte bald heroische Schlachtszenen, und im 19. Jahrhundert gab es auch die ersten großen Tierdressuren, z. B. Hirsch

Azor, der Seilläufer im Cirque Olympique (erstmalige Bezeichnung „Zirkus"!).

Die ersten großen Zirkusse konnten mit gleichbleibendem Programm nicht allein in einer Stadt auftreten, sondern mußten auf Tournee gehen. Ernst Renz (Sohn eines Seiltänzers und Analphabet) schuf entgegen anderen Tendenzen um 1850 wieder einen Zirkus fürs ganze Volk. Mit diesem Rezept wurde er reich (16facher Goldmillionär!).

Die Aristokratie kam wegen der „Hohen-Schule"-Reiterei, der Eleganz, dem Prunk, den schönen Menschen; die „kleinen Leute" kamen, um Siamesische Zwillinge, die Affenfrau, Raubtierdressuren und den dummen August zu sehen! Das Proletariat kam auch, wegen der Trapezfliegerei, Kraftjonglerie und Fahrradartistik (das Fahrrad wird im Alltag zunehmend bedeutungsvoll), die ihre Ursprünge in

Seiltänzerbude ca. 1800. Kpfr. aus: Weiße, Kinderfreund

den Arbeiter-Sportvereinen hatten. Das Pferd aber war das Bindeglied aller im Zirkus (das 19. Jahrhundert war ein „Jahrhundert des Pferdes"). Das Ganze wurde in riesigen Prunkbauten veranstaltet. Im ausgehenden 19. Jahrhundert sollte sich das bald ändern. Amerika wurde Vorreiter für die Erfüllung der Sensationslust beim Publikum. Sensationen sind kurzlebig, deshalb entstand der Tentcircus, der Zeltzirkus. Er ermöglichte kurzen Aufenthalt, schnelles Weiterreisen, kurze und immer neue Attraktionen: Todessprünge, Luftakrobatik, Schuß aus der Kanone, Sprung aus der Zirkuskuppel. Die Verbreitung der Lokomotive und auch des Automobils ermöglichte das schnelle Reisen und brachte gleichzeitig einen eklatanten Bedeutungsverlust des Pferdes mit sich.

Das Varieté war die ganze Zeit über Sammelpunkt der übrigen Künste gewesen: Zauberei, Tanz, Konzert, Gesang usw. Diese Künste nahmen jetzt mit dem beginnenden Ausscheiden des Pferdes den frei werdenden Platz im Zirkus ein. Diese Entwicklung erwies sich bald als selbstzerstörerischer Wendepunkt in der Geschichte des Zirkus. Manegement und Finanziers waren nun gefragt und Artisten-Profis das Ziel. Darunter litten auch die kleinen Familienzirkusse, die bei dieser organisatorischen und technischen Entwicklung nicht mithalten konnten. Unter dem rasch wechselnden Ein- und Verkauf von Spitzentricks verloren das Zirkusleben und die Zirkuskunst an sozialer, künstlerischer und ästhetischer Qualität.

Mit dem Zirkus „Roncalli", einem sogenannten alternativen Zirkus, wurde allerdings wieder ein attraktiver neuer Entwicklungsweg der größeren Zirkusse eingeschlagen!

Die Geschichte der kleinen Familienzirkusse muß noch geschrieben werden. Ihre heutige Situation verdient eine besondere Berücksichtigung (s. S. 135: „Wie es steht?!").

II. Der Zirkus rollt an!

1. Was soll das überhaupt?

Über Kulturpädagogik

Kinderzirkusarbeit, so wie ich sie verstehe, ist kulturpädagogische Arbeit mit Kindern. Hinreichend viele Pädagogen und Kunsterzieher beschäftigen sich zur Zeit mit der theoretischen Erfassung und Bestimmung von „Kulturpädagogik" (siehe Literaturangaben). In diesem kleinen Abschnitt kann dagegen nur die Bedeutung ihres Handlungsfeldes angeschnitten werden.

Ein besonderer Ansatz des kulturpädagogischen Arbeitens und Spielens mit Kindern (in Projekten, Aktionen, Kursen, bei Veranstaltungen) ist der, Verbindung aufzunehmen mit konkreten Lebensfeldern (-kulturen) von Kindern. Gemeint sind damit u. a. die Familien, der Kindergarten, der Spielplatz, die Schule, der Stadtteil.

Unter diesen Voraussetzungen will ein kulturpädagogisches Handlungsfeld zwei gleichwertige Absichten zur Geltung bringen. Erstens, das Erleben und Beherrschen-Können von künstlerisch-handwerklichen Techniken als individuelle Ausdrucksmöglichkeit, zweitens das Aufbereiten, Erfahren, Erkennen und Bestimmen von Lebens-Wirklichkeiten durch diese Mittel. Für den Kulturpädagogen bedeutet das: Themen und Orte als Handlungsrahmen zu finden, vorzubereiten und insbesondere mediale Techniken kompetent einzusetzen, um eine Auseinandersetzung mit den angesprochenen Inhalten zu ermög-

lichen. Seine Arbeit zielt in der Regel auf das Entdecken von verborgenen kreativen Fähigkeiten und Möglichkeiten, auf die Fähigkeit, damit selbstbewußt und kritisch umgehen zu können (kulturelle Kompetenz), und gleichermaßen auf die Erlangung von sozialer Kompetenz.

Darüber hinaus strebt er die Eröffnung von Spiel-Räumen an, ihre Belebung durch kulturelle Ereignisse und durch Wiederherstellen von Bezügen zu anderen Lebensbereichen. Kulturpädagogisches Arbeiten und Spielen mit Kindern ist eine Möglichkeit, Anstöße und Anregungen für die Bewältigung aktueller Probleme zu geben.

Dazu einige Stichworte:

- Der Anhäufung von Informationswissen und der Kenntnis von Wirklichkeit aus zweiter Hand bietet die Kulturpädagogik einen Ausgleich durch Aneignung von Erfahrungswissen und Selbst-Tätigkeit.
- Dem komplizierten System von Fremdbestimmung und Zersplitterung in allen Lebensbereichen setzt sie die Erfahrung von Selbstbestimmung und Ganzheit gegenüber.
- In die entsinnlichte, weil uniformierte Wirklichkeit setzt sie bunte Erfahrungstupfer, geprägt durch Unmittelbarkeit, Einzigartigkeit und die Erweiterung von Grenzen.

Soviel zur Standortbestimmung der Kinderzirkusarbeit innerhalb der Kulturpädagogik. Im folgenden

Abschnitt geht es um die Bedeutung und die Absichten, die wir mit dieser Arbeit verbinden.

„Mach nicht so'n Zirkus!"
Die Absichten der Kinderzirkus-Arbeit

. . . diese Mahnung, bloß nicht so'n Aufstand, Cerbo, Cocolores oder Quatsch zu machen, wird uns „Zirkuspädagogen" nicht mehr so unbedacht über die Lippen huschen. Schließlich sind Kinder und Erwachsene gleichermaßen an dem „Zirkus" beteiligt!
Wir Erwachsenen sind keine Kostverächter, also wollen auch wir unseren Spaß haben. Durch die folgende Überlegung, wie und warum uns der Kinderzirkus Spaß machen könnte, wird schnell deutlich, was wir wollen:
Wir wollen uns nicht abrackern, aber auf jeden Fall herausfordern lassen. Wir wollen experimentieren und Neues schaffen. Wir wissen, daß Arbeiten und Spielen, Anstrengung und Entspannung zusammengehören, damit etwas lebendig sein kann. Wir wollen auch für Kinder so lebendig sein. Sie sollen merken können, daß wir nicht nur als Pädagogen dabei sind. So können wir dann eine Sache zusammen machen, die am Ende für alle befriedigend ausgeht.
Was gehört für uns, für die Kinder und Erwachsenen dazu?
Eine reizvolle Atmosphäre; lustige, spannende, schwierige, faszinierende Dinge selbst erlernen und danach vorzeigen können; etwas tun, das wir uns als Kinder immer erträumten; Zeit haben dafür, uns frei fühlen und frei entscheiden können dabei. Da soll niemand sagen, daß wir genau so und nicht anders zu spielen haben. Da wollen wir zusammen spinnen, Probleme lösen, zusammen bauen, basteln, musizieren, und jeder soll Gelegenheit haben, zu seiner höchstpersönlichen Bestform zu kommen. Darüber hinaus wollen wir selber feststellen, was wir nicht erreichen können, und erfahren, daß Versagen, Pech-Haben, Traurig-Sein genauso dazugehören wie Im-Mittelpunkt-Stehen und Glücklich-Sein.
Klar ist auch: Wir wollen mit unserer ganzen Person dabei sein. Nicht nur mit den Augen, wie etwa beim Fernsehen, nicht nur mit dem Verstand, wie beim Rechnen. Wir wollen es hautnah: riechen, schmekken, hören, fühlen, sehen und dabei unsere Finger im Spiel haben können. Wenn uns etwas nicht gefällt, müssen wir kritisieren können . . .
Zirkus-Machen kann eine mögliche und ideale Form für all das sein. Zirkus ist aber auch mehr als eine Form, mehr als nur ein Traum. Zirkus, die kleine Welt, existiert tatsächlich in unserem Leben. Zwar werden ihre eigenen Probleme und Belastungen durch ihre exotische Ausstrahlung überdeckt. Weil Zirkusleben trotzdem noch sehr verschieden von unserem Alltagsleben ist, übt es auf uns einen besonderen Reiz aus. Wenn wir diese reizvolle Welt ernst nehmen, ihren Eigenwert anerkennen und berücksichtigen, können wir sie als Ereignis nach-gestalten, das intensive Erfahrungen ermöglicht. Sicher ist: Die Erfahrungen, die wir in unserem Zirkus machen, werden noch lange einen großen Einfluß darauf haben, wie wir empfinden, was wir denken und tun.

Ideensammlung zum Thema „Zirkus"

Vorweg:
Die folgenden Abschnitte beschäftigen sich mit den planerischen Vorüberlegungen, Vorentscheidungen und Vorarbeiten der Erwachsenen. Und das beginnt mit der Spurensuche, der Ideensammlung. Doch davor muß noch etwas viel Wichtigeres stehen: die Lust auf Zirkus-Machen und der Wille, eine gute und runde Sache daraus machen zu wollen!
Damit ist schon der entscheidende Schritt getan. Er gilt als Vorbedingung für alle.
Die Motive zum Zirkus-Machen werden unterschiedlich sein wie auch die Ziele. Deshalb sind die folgenden Hinweise nicht für alle von gleicher Bedeutung. Es erfordert jeweils eine andere Planung, einen etwas anderen Arbeitseinsatz, ob beispielsweise ein Zirkusnachmittag oder eine Zirkusschule auf dem Programm steht.

Karteikartenbrainstorming

Jeder erhält eine Karte und schreibt spontan, ohne zu überlegen also, etwas zum Thema „Zirkus" auf. Danach wird jede Karte nach links weitergegeben, der neue Besitzer assoziiert frei zu dem, was gerade geschrieben worden ist, schreibt es darunter! Weitergeben! Weiterschreiben! So lange, bis immer freier und verrückter (auch Gefühle, Illusionäres) assoziiert wird, und dann noch so lange, bis . . . die Luft raus ist!
Dann: vorläufige Rubriken machen, den Inhalt sortieren . . . und nachsehen, was unter Umständen zu verwirklichen ist!

„Ich bin der Direktor im Zirkus!"

– beginnt eine(r) das Spiel und stellt sich vor die anderen hin. Wenn jemandem dazu eine Assoziation einfällt, z. B.: „Ich bin das ‚aufgesetzte Lächeln' des Direktors im Zirkus", o. ä., stellt er oder sie sich einfach daneben, eine dritte Person assoziiert auf der anderen Seite des „Direktors". Diese Person in der Mitte entscheidet sich ebenfalls spontan für eine der beiden. Diese bleibt allein stehen und wiederholt ihre letzte Assoziation: „Ich bin . . . im Zirkus!" So geht es weiter.
Später: die Ideen aufschreiben!

Es ist aber auch möglich:
● In einen echten Zirkus zu gehen, eine Zirkusvorstellung zu besuchen, etwas vom Leben der Zirkusleute in Erfahrung zu bringen, eine Zeit mit ihnen zusammen zu verbringen;
● mit Kindern über ihre Wünsche und Vorstellungen zu reden;
● Zirkus- und Artistikfilme anzusehen;
● viel Literatur zu besorgen;
● einen Spontan-Zirkus aus dem Nichts zu veranstalten;
● Zirkusleute einzuladen;
● sich Neuheiten für einen postmodernen Zirkus auszudenken . . .

3. Die Planungspyramide

Voraussetzungen, Bedenken, Entscheidungen auf einen Blick

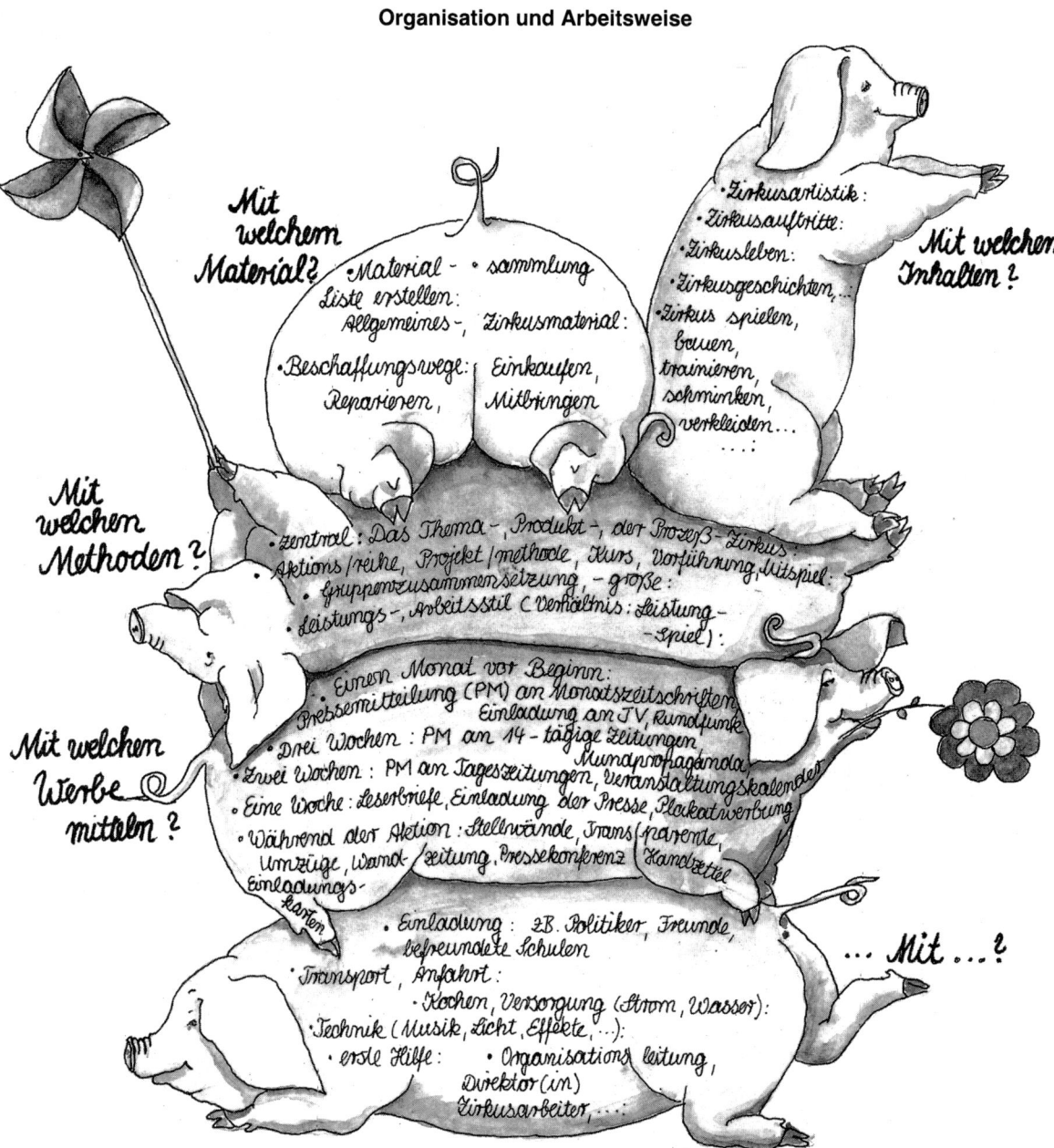

Mit welchem Material?

- Material - sammlung
- Liste erstellen: Allgemeines -, Zirkusmaterial :
- Beschaffungswege: Einkaufen, Reparieren, Mitbringen

Mit welchen Inhalten?

- Zirkusartistik :
- Zirkusauftritte :
- Zirkusleben :
- Zirkusgeschichten, …
- Zirkus spielen, bauen, trainieren, schminken, verkleiden …

Mit welchen Methoden?

- zentral: Das Thema -, Produkt -, der Prozeß - Zirkus: Aktions/reihe, Projekt/methode, Kurs, Vorführung, Mitspiel
- Gruppenzusammensetzung -, größe:
- Leistungs -, Arbeitsstil (Verhältnis: Leistung - Spiel)

Mit welchen Werbemitteln?

- Einen Monat vor Beginn: Pressemitteilung (PM) an Monatszeitschriften, Einladung an TV, Rundfunk
- Drei Wochen : PM an 14 - tägige Zeitungen, Mundpropaganda
- Zwei Wochen : PM an Tageszeitungen, Veranstaltungskalender
- Eine Woche: Leserbriefe, Einladung der Presse, Plakatwerbung
- Während der Aktion : Stellwände, Transparente, Umzüge, Wandzeitung, Pressekonferenz, Handzettel, Einladungskarten

… Mit …?

- Einladung : zB. Politiker, Freunde, befreundete Schulen
- Transport, Anfahrt :
- Kochen, Versorgung (Strom, Wasser):
- Technik (Musik, Licht, Effekte, …):
- erste Hilfe : • Organisationsleitung, Direktor (in), Zirkusarbeiter, …

Oder: Ohne Moos nichts los!

Ein Kinderzirkus kann mit vielen Abfallmaterialien und Altkleidern gestaltet werden. Sie fordern so richtig zu kreativer Weiterverarbeitung heraus! Trotzdem: Je nach Ausmaß dieser Arbeit, und das richtet sich oft nach den gegebenen Notwendigkeiten, muß mit einer bestimmten Geldsumme gerechnet werden.

Damit sämtliche Kosten übersichtlich erfaßt werden können, gibt es in diesem Kapitel einen „Kostenvoranschlag" zum Ausfüllen.

Die traditionellen „Zirkus-Einnahmequellen" sprudelten schon immer sehr spärlich. Sie sollten aber auf jeden Fall mit einkalkuliert werden: Eintritt, Verkauf von Programmheftchen und Zirkusplakaten, Bauchladenverkauf, Spendensammlung beim Umzug oder zum Schluß der Galavorstellung.

Wenn das „vorn und hinten" nicht reicht, müssen förmliche Anträge an Behörden, Stiftungen, Fonds oder/und Bettelbriefe an Organisationen, Firmen, Vereine und Verbände, Clubs, wohlhabende Einzelpersonen usw. geschrieben werden!

Auch dazu gibt es Tips und Vorschläge.

Kostenvoranschlag

. . . mögliche Kosten (!) für . . . Tag(e)

		Summe
I. Personalkosten: DM/Std. Std./Tg. Tage Anz. d. Pers.		
1. Honorarkräfte:		
2. Ehrenamtliche Kräfte:		
		GESAMT:
II. Materialkosten:		
1.1 Verbrauchsmaterial (Zeichenpapier, Pinsel):		
1.2 Gebrauchsmaterial (Matten, Stelzen):		
2. Erstellung, Pflege (Kostüme, Requisiten):		
3. Medien (Ausleihe):		
III. Rahmenkosten:		
1. Raum (Energie, Reinigung, Miete), pro Tag/insgesamt:		
2. Verwaltung (Büromaterial, Telefon, Porto):		
3. Fortbildung der Mitarbeiter:		
4. Werbung (Fotokopien, Pressehinweise . . .):		
5. Dokumentation (Foto, Video):		
IV. Verpflegungskosten	pro Tag/insgesamt:	
V. Fahrt- und Transportkosten	pro Tag/insgesamt:	
VI. Sonstiges:		
	GESAMT:	

FÜR DIE BEANTRAGUNG VON FINANZIELLER UNTERSTÜTZUNG BEIM SCHUL-, KULTUR- UND JUGENDAMT SOLLTE FOLGENDES BEDACHT WERDEN:

1. Zuerst ein Konzept erstellen:
   Was soll, warum, mit wem, wie, wo und wann gemacht werden? Kosten- und Finanzierungsplan!
2. Ist vor Antragstellung eine Vereinsgründung, Gemeinnützigkeit erforderlich?
3. Erstellung eines Antragentwurfs, der Teile des Konzepts enthält.
4. Vor der endgültigen Antragstellung:
   ● Informationen über vorhandene Etatposten einholen.
   ● Gibt es kommunale Fonds, Stiftungen, . . . die in Frage kommen könnten?
   ● Gibt es derzeit ein größeres Projekt der Stadt, zu dem auch diese Arbeit gehören könnte?
   ● Förderungsgrundsätze und Richtlinien, eventuell Antragsformulare und Abgabefristen besorgen.
   ● Erfolgreiche Anträge als Muster einsehen!
   ● Informationen über derzeitige Arbeitsschwerpunkte des Amtes, über besondere Arbeits- und Diskussionsweisen des Amtsleiters beziehungsweise des zuständigen Referenten zusammensuchen. Von einzelnen Personen einen Rat einholen über die erfolgreichste Methode, mit dem Referenten umzugehen!
   ● Gesprächstermin mit dem Amtsleiter/Referenten vereinbaren, vorher Info-Material hinschicken:
   Selbstsicher auftreten, das Vorhaben ausführlich und überzeugend vertreten.
   Ratschläge zu weiteren Finanzierungsmöglichkeiten und zur Antragstellung notieren.
   Sich nicht mit halbherzigen, unkonkreten verbalen Versprechungen zufriedengeben.
   Scheinargumente, etwa zur „angespannten

Finanzlage" oder zur bereits vorgenommenen Förderung eines ähnlichen Vorhabens oder der Institution nicht gelten lassen.
Diplomatisch bleiben, aber nicht buckeln!

5. Den Antrag überarbeiten, Formulare benutzen und abschicken mit der Bitte um baldmögliche Bearbeitung, damit der Zeitplan eingehalten werden kann!

Ein förmlicher Antrag:

I N
– Initiative zur Förderung
des Kinderzirkus!

AbsenderAbsenderAbs.   DatumDatumDa
c/o Prof. Dr. Geldgeber
Anschrift
Anschrift
Anschrift

Bezug: Unser Telefonat vom 33. 13. 89
Betr.: Geld! (etwas ausführen)
Sehr geehrter Herr Prof. Dr. Geldgeber!
1. Kurze, prägnante Darstellung des Anliegens, dann:
   Wenn erforderlich, die Bitte um Zusendung der Antragsformulare, oder:
2. Ausführungen zum Antragsteller:
   Personen, Gruppe, Institution – Mitgliedschaften, Rechtsform, Gemeinnützigkeit, Satzung . . .
3. Detaillierte Erläuterungen zu:
   Absichten und Ziele, beabsichtigte Methoden, Organisation, Zeitplan des Vorhabens (– übersichtlich gegliedert, präzise geschrieben)
4. Aufschlüsselung der Kosten (s. Kostenvoranschlag) und des Finanzierungsplans. Was kann der Antragsteller selbst oder durch andere Hilfe aufbringen? Er sollte!
5. Restkostenfinanzierung – beantragte Summe!

6. Erläuterungen, etwa:
   Zu Allgemeinwohl und Chancen für das/ein Gemeinwesen, zum Erfahrungsschatz, Stabilität der Gruppe/Organisation (– gewährleistet Durchführung des Vorhabens und Kontinuität), zur möglichen Initialzündung des einmaligen Vorhabens (Pilot-, Modellprojekt), zur Weiterführung für sich und andere . . .
   Peter Müller
   Dr./Dipl./Grad./Stud.
   Leiter der Initiative

   Stempel

7. Anlagen,
   z. B. Zeitungsberichte, Planungsbögen, Infomaterial . . .

(Achtung: In vielen Fällen ist es wichtig, für Beantragtes noch keine Verträge abgeschlossen, keine Einkäufe getätigt zu haben!)

**Bettelbittschnorrabluchsbrief
(Beispiel)**

An . . . .
. . . .
Absender . . . . . .
. . . .

Betr.: Unterstützung der pädagogischen Aktion „Kinder machen Zirkuskunst" durch eine Sach-/Spende
Sehr geehrter Herr und Frau . . .
Wir sind eine Gruppe von Pädagogen, Lehrern und Künstlern, die sich zum Ziel gesetzt hat, Kindern in unserer Stadt Spiel-Räume zu schaffen, in denen sie selbst kulturell tätig werden können.

Wir wollen damit die kreativen Möglichkeiten unserer Kinder, handwerklich-künstlerisches Arbeiten und Spielen, fördern. Gleichzeitig wollen wir der sich ausbreitenden „Horror-Spielzeug-Kultur" etwas entgegensetzen. Ebenso der Verödung von Phantasie, dem Verlust an Eigentätigkeit durch Video-, Computer-, TV-Konsum und der einseitigen Gestaltung und phantasielosen Benutzung von Spielplätzen und Hinterhöfen.

Unsere Bemühungen stecken noch in den „Kinderschuhen", sind aber schon jetzt erfolgversprechend!

Die erste Aktion wird ein Kinderzirkus sein. Kinder sollen in kleinen Gruppen, je nach Neigung und Interesse, eine Zirkusartistik erlernen und vorführen können.

Die Gestaltung einer bunten Zirkuswelt und das Erlebnis einer Zirkusfamilie steht dabei ebenso im Vordergrund.

Leider fehlen uns für die Arbeit noch einige finanzielle und materielle Mittel. Deshalb bitten wir Sie um Ihre Hilfe:

Für diese Arbeit benötigen wir dringend . . ., weil . . .

Wir würden uns freuen, wenn Sie uns . . . spenden könnten.

Viele Grüße,

- Unsere Anschrift:
- Tel. – dienstlich:
- Tel. – privat:

Weitere Tips für Goldsucher!

Die Förderungsmittel (von Stiftungen, Behörden, Instituten, Fonds) werden in der Regel nur für Projekte schulischer und außerschulischer Bildungsträger, eingetragene, gemeinnützige Vereine, anerkannte Kindergruppen gewährt. Deshalb finden sich im Anhang Literaturangaben zur Vereinsgründung und ein Adressenteil mit Stichworten zu Förderungsgebieten von Mittelvergabestellen. Genaue Angaben sollten z. B. über die LAG-Kulturpädagogische Dienste, Jugendkunstschulen NRW in Unna (s. Adressenteil), durch Handbücher oder bei den jeweiligen Mittelvergabestellen erfragt werden.

Eine ausführliche Beratung vor Antragsstellung lohnt sich!

---

5. Die Verpackung

Atmosphärische Einkleidung der Arbeit!

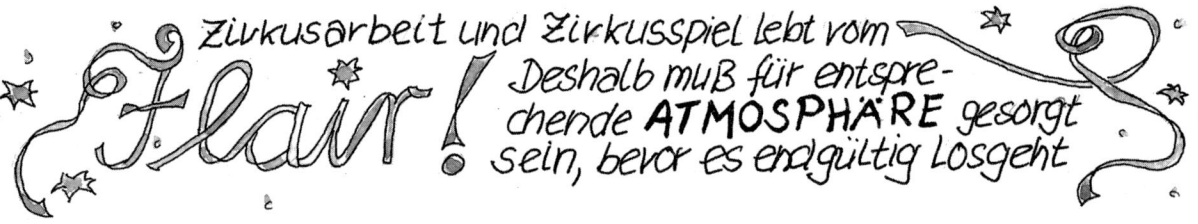

Zirkusarbeit und Zirkusspiel lebt vom Flair! Deshalb muß für entsprechende **ATMOSPHÄRE** gesorgt sein, bevor es endgültig losgeht

Beispielsweise durch:

Musik

Musik vom Band (Untermalung), Klänge, Geräusche, Instrumente, Lieder . . .

Gerüche

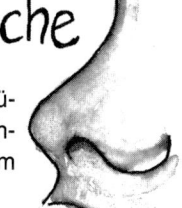

Gerüche aus dem Zirkuscafé, der -küche, vom Sägemehl, von Heu-, Strohballen, benutzten Spielgeräten, vom Mitspieler . . .

Dekorationen

Dekoration (Fahnen, Tücher, Luftballons, Plakate . . .) großzügig, großflächig, bunt, einfach, aber wirkungsvoll . . .

Glitzerglanz

Glitzerglanz und Farben, Glanzfolien, Glitzerklamotten, farbige Verkleidung und Gestaltung der Geräte, Schminke, Masken . . .

Lichter

Lichter – gedämpfte, gerichtete, farbliche; Spiel mit Licht und Schatten; Scheinwerfer, Kerzen, Wunderkerzen, Taschenlampen, Fackeln . . .

Fachausdrücke

Fachausdrücke: Gastspiel, Gala, Gage, Engagement, Chapiteau (Zirkuszelt), Piste (Barriere der Manegen), Menagerie (Tierschau), Sattelgang (Raum hinter dem Vorhang), Postament (Tier-Hocker), Requisiteur, Assistent, Vorhangzieher, Beleuchter . . .

Zirkusregeln

Zirkusregeln (notwendige und einfach nur witzige), beispielsweise: Für die Übersteigung der Piste ist eine Sondererlaubnis vom Zirkusdirektor erforderlich; vor der Gala darf kein Besen in der Hosentasche mitgeführt werden; . . .

Zirkusrituale

Zirkusrituale (traditionelle und neu erfundene), beispielsweise den Tag mit einem Ritual beginnen: Einzug, Spiel, Sprüche, Parolen – in Ecken . . .

Für die personelle Betreuung der Verpackung kann sich ein sogenannter „Verpackungskünstler" verantwortlich fühlen.

6. The action! – oder wie Aktionstage aussehen können . . .

Dies hier ist also eine Zusammenfassung dessen, was in einer bestimmten Reihenfolge zum Einsatz kommen könnte (1):

1. T A G	Anfahrt, Transport	Fertigstellung Aufbau der Zirkussachen	Einladung: Umzug, Einzug mit Klamauk und Verkleidungen	Parolen, Lieder, Spiele, Musik	Begrüßung am Eingang (Clown), in der Manege (Direx)
Einführung: kleines Zirkustheater, Mitspielaktion, Animationsspiel, Zirkuslieder		Information: was, wie, wo, wie lange, mit wem, warum überhaupt	Vorstellung der Zirkusgruppen, durch Sketche, Auf- tritte, Plakate . . .		freie Wahl der angebotenen Möglichkeiten durch die Kinder (Familiengründung)
Kleingruppenarbeit, in Nischen, Räumen, Park- flächen . . .	gemeinsame Erarbeitung durch: spielen, trainieren, proben, spinnen, bauen	PAUSEN	Abschluß mit allen: Lieder lernen, kleine Vor- führung des Erlernten, Spiele, Filmvorführung (2)		Verabschiedung durch den Direx
Aktionsratssitzung, Aufräumen, Essen gehen . . .					
X. T A G (3)	Vorbereitungen wie 1. Tag, neue Dekorationen von Kindern, selbst- gemalte Plakate . . .	Einladung, Begrüßung, Einführung, Infos, Wahl, ähnlich wie 1. Tag	Gruppenarbeit	Sonstiges: Erstellung – von Eintritts- karten, Einladungskarten, Handzettel, Photos, Video, Interviews
Presseeinladung, -berichte, -konferenzen	Berichtsammlung, Zeitung, Wand- zeitung, Ausstellung	neue Lied- strophen, Mottos, Slogans	kleine Vorführungen, Stellproben, mit allen	Manegenproben der einzelnen Gruppen, Generalprobe mit allen
Infos zur Geschichte, Artistik, aktuelles Zirkus- leben	Zirkusgeschichten erfinden, vorlesen	Buden bauen für Jahrmarkt, Kassen- häuschen, Bauchladen		

LETZTER TAG BZW. TAGES-ABSCHLUSS	Manegen-versammlung, Infos zum Abschluß	Requisiten hinter dem Vorhang ein-räumen, sortieren, bereitstellen	Galaprogramm erstellen . . .	letzte Arbeiten, Vorbereitungen an Vorhang, Manege, Zuschauerraum
Letzte Absprachen mit Kassierer, Platzanweiser, Verkäufer, Manegenhelfer, Techniker	Schminken und Verkleiden der Artisten! Fotos!	Umzug durch Stadtteil . . . Einzug als Einladung		
FEST!	Aufräumen, Abbau, Transport, Lagerung	LENZ	Nachbesprechungen	Dokumentationen erstellen

Anmerkungen:

(1) Eine breit angelegte Öffentlichkeitsarbeit vor, während und nach der Aktion durchführen!

(2) Filme prägen nachhaltig das weitere Geschehen, möglichst am Ende zeigen!

(3) Wenn nicht nur ein einziger Tag, ein Zirkustag sein soll!

(Beispiel einer Projektwochen-Planung, siehe auch „Zirkus in Schulen", Kap. VI,1, S. 123 ff.)

---

7. Die sieben Sachen – eine Sammlung des allgemeinen Zirkusmaterials!

Bevor die Zirkusarbeit endgültig starten kann, müssen die „7 Sachen" vollständig zusammen sein! In diesem Kapitel gibt es deshalb eine Zusammenstellung der Materialien und Medien, die im Kinderzirkus für allgemeine Zwecke Verwendung finden könnten. Der tatsächliche Aufwand wird von Arbeit zu Arbeit verschieden ausfallen.

Materialangaben zur Artistenarbeit finden sich im Abschnitt IV. (Arbeiten im Zirkus.)

Die Gliederung der Materialbereiche soll helfen, selbst zu überlegen, was für die jeweilige Arbeit unbedingt gebraucht wird:

Diese Aufteilung hat sich bei unserer Arbeit bewährt. Sie kann natürlich auch ganz anders aussehen. Wem jetzt schon Fragen einfallen, wie: Verflixt, woraus können wir denn eine Manege bauen (?) o. ä., und wenn dazu dann die Ideen nur so sprudeln, sollte alles sofort aufgeschrieben werden! Sortieren kann man das immer noch, beispielsweise so:

MATERIAL	kaufen	bei	SPENDE	von	Leihen	von	reparieren	bauen	SPERRMÜLL
									etc.

Falls nicht schon eine Menge Material zusammengetragen wurde, kann das eine ziemlich lange Liste werden, die aber Wichtiges und Notwendiges enthält.

a) Bastelmaterial
Scheren, alle Sorten Papier (Pappen, Makulatur-, Krepp-, Schreibpapier), Alu-, Glanz-, Pack-, Transparentpapier (bunt), verschiedene Kleber, Tesakrepp, doppelseitiges Klebeband, Hutgummi, breites Gummiband, Well-, Eierpappen, Zeitungen, Mullbinden, Gipsbinden, Gips, Kleister, Maschendraht, Sackleinen, Styroporplatten, Schaumstoffe, Nähmaterialien, Verzierungsmaterialien (Luftballons, Glöckchen, Pailetten, Perlen . . .), Heftzwecken, Kerzen, Schnur, Draht, Holzleisten, Papiertüten . . .

b) Mal- und Zeichenmaterial
Finger-, Abtönfarben, weiße Wandfarbe, Filzstifte, Wachsmalstifte, Kreide (weiß und bunt), Lebensmittelfarbe, Pinsel in verschiedenen Größen, Becher und Dosen, Stofflappen, große alte Oberhemden . . .

c) Werkzeug
Hammer, Kombi/Zange, Fuchsschwanz, Eisensäge, Bogensäge, Zollstock, Schraubzwingen, Klammerpistole, Hefter . . .

d) Krach- und Musikinstrumente
Abfallmaterial aus Holz, Metall, aus Pappe, Papier, Folien, Filz (siehe Zirkusorchester) . . .

e) Schminkkasten
Wasserschminke in allen Farben (ab/auswaschbar!), Creme-Filmdöschen (Schminke darin aufteilen), Kajalstifte – halbiert, Anspitzer, Lippenstifte, Rouge, Puder, Niveacreme (für empfindliche Haut vorher auftragen), Pinsel (unterschiedlich breite Borstenpinsel, Haarpinsel für feine Arbeiten – kurzstielig), Schwämmchen aus

Schaumstoff (Flächen schminken), Wasserbecher, mehrere Spiegel (20 bis 30 cm ⌀), gr. Anzahl Haushaltsrollen, Seife, Handtücher . . .

f) Verkleidungskiste

Alle möglichen Altkleider, einschließlich Hüte, Perücken, Schuhwerk, Tücher, Bänder, Stoffe, Hosenträger, Gürtel, Schirme, Kleiderbügel . . .

g) Krimskram

In dieser Kiste findet sich Material, das sich nicht so leicht zuordnen läßt oder das zu allen möglichen Zwecken verwendet werden kann, so z. B. Reste aller Art.

h) Büro und Werbematerial

Schreibmaterial, Schreibhefte, Stempel, Geldkassette, Quittungsblock, Buttonmaschine, Plakate, Videofilme, Fotos, Luftballons (bedruckt?) Infomaterial, Programme, Einladungs-, Eintrittskarten, Transparente, Sandwich, Reiter, Schilder

i) Zirkusdekorationen

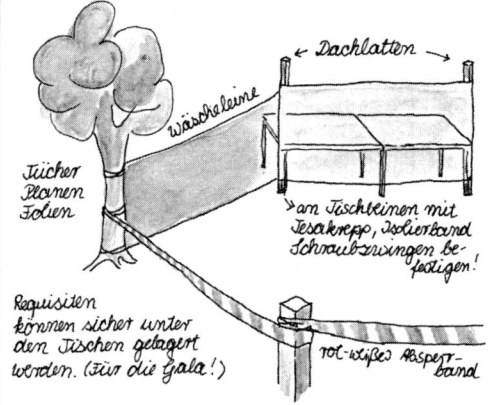

Bauanleitung für ein stabileres Vorhanggestell -arbeitsaufwendig-, ohne Abspannung -bei: Kreativ-Haus, Zirkus Paletti

VORHANGKONSTRUKTION -aus Metall-

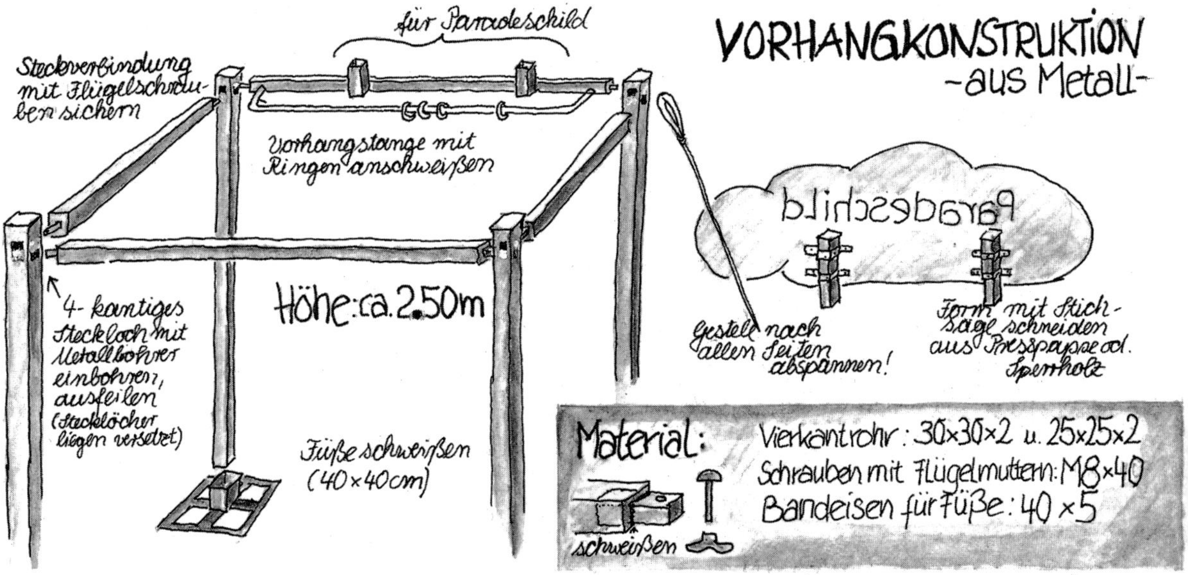

für Paradeschild
Steckverbindung mit Flügelschrauben sichern
Vorhangstange mit Ringen anschweißen
Paradeschild
4-kantiges Steckloch mit Metallbohrer einbohren, ausfeilen (Stecklöcher liegen versetzt)
Höhe: ca. 2.50m
Gestell nach allen Seiten abspannen!
Form mit Stichsäge schneiden aus Presspappe od. Sperrholz
Füße schweißen (40×40cm)
Material:
Vierkantrohr: 30×30×2 u. 25×25×2
Schrauben mit Flügelmuttern: M8×40
Bandeisen für Füße: 40×5
schweißen

EINFACHE LÖSUNGEN

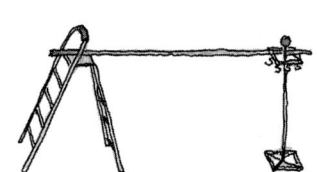

lange Holzstange über Stehleitern, Kleiderständer, Kleiderschränke o. ä.

an Fußball/Handballtoren, Abspannungen über Basketballnetzen und anderen hohen Sportgeräten

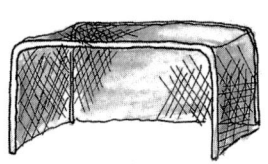

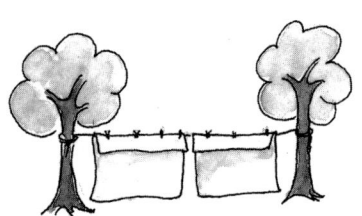

große Tücher über Wäscheleinen mit Wäscheklammern befestigt

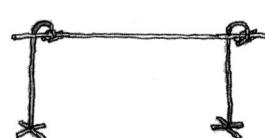

stabile Holzstange, durch Schulkartenständer gehalten (zusätzlich sichern!)

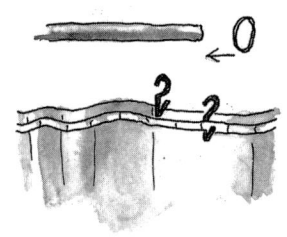

einfaches Alurohrgestell: Füße: Autoreifen mit Felge und aufgeschweißtem Rohr (Befestigungsschraube), Sonnenschirmständer und einfache Eckverbinder (siehe Anhang), u. U. durch Abspannungen sichern

handelsübliche kräftige Haken und Ösen zum Anbringen eines Vorhangs an einer Holz/Metallstange

j) Zirkuspisten

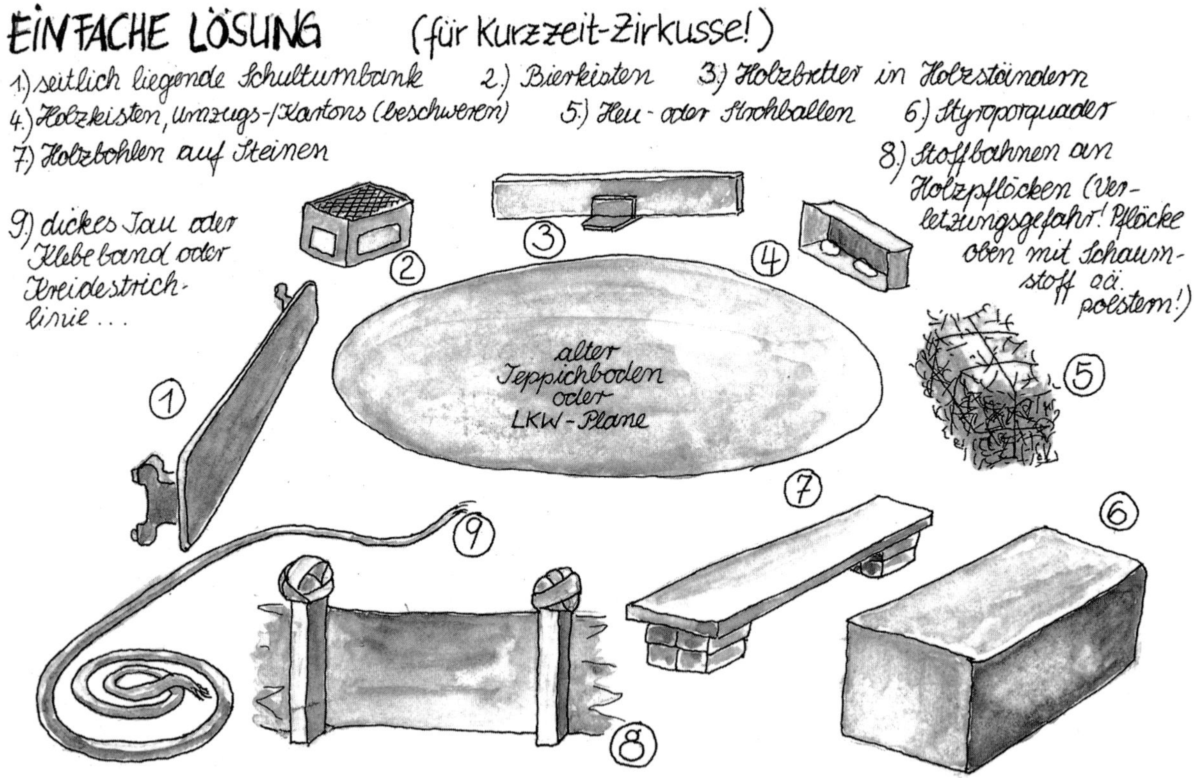

EINFACHE LÖSUNG (für Kurzzeit-Zirkusse!)

1.) seitlich liegende Schulturnbank   2.) Bierkisten   3.) Holzbretter in Holzständern
4.) Holzkisten, Umzugs-/Kartons (beschweren)   5.) Heu- oder Strohballen   6.) Styroporquader
7.) Holzbohlen auf Steinen

8.) Stoffbahnen an Holzpflöcken (Verletzungsgefahr! Pflöcke oben mit Schaumstoff o.ä. polstern!)

9.) dickes Tau oder Klebeband oder Kreidestrichlinie...

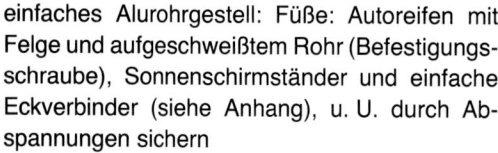

alter Teppichboden oder LKW-Plane

HOLZMANEGENUMRANDUNG (Selbstbauweise)

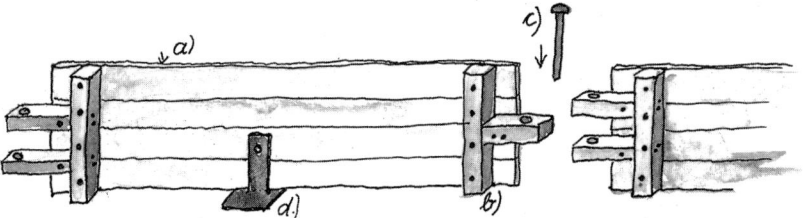

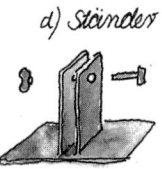

a) leichte Holzpaneelbretter (1,80 m Länge) zusammenleimen

b) Dachlatten aufschrauben

c) Nagel (17,5 cm; 5 mm ø) verbindet die Manegenelemente durch vorgebohrte Löcher in Dachlatten

d) Ständer aus Bandeisen (40 x 5 cm), geschweißt - Seitenansicht -

Die Mühe lohnt sich!

Manegenelemente, die Platz zum Sitzen bieten, werden dazu auch gern benutzt. Das ist hier nicht der Fall. Die erste Zuschauerreihe kann sich am Boden hinter den Elementen plazieren, sind so vor heftigen Manegenaktionen geschützt und sitzen nicht zu hoch für die hinteren Zuschauer.
Die Manegenelemente ermöglichen ein verbundenes System ohne Löcher und starkes Verrutschen (– auf kreisrunde Ausrichtung achten!). Die einzelnen Elemente sind leicht, nicht sperrig (wichtig für Transport und Lagerung) und einfach aufzubauen. Bunte, einheitliche Gestaltung bietet sich an, sie macht einen großen Teil des Zirkus-Flairs aus.

k) Technik

(s. auch Kapitel V, 2)
TON – Stereo-, Verstärkeranlage, MC's, Mikrofone, -ständer (oder auch Flüstertüte, Sprachrohr . . .)
LICHT – Scheinwerfer (Breitstrahler, Vorbühnenscheinwerfer, Verfolger, Spot) oder jede Menge Schreibtisch-, Steh-, Klemmlampen, bunte Folien für farbiges Licht

MEDIEN – Overhead-, Dia- (für Diakulissen, Schattentheater), Filmprojektor, Videoanlage, -kamera, Fotoapparat, Kassettenrecorder (für Gruppenarbeit, Interviews, Dokumentation)
SONST. – Kabelrollen, Mehrfachstecker, u. U. Bedienungspult (zur Steuerung der Lichtstärke . . .), Elektrowerkzeug

l) Die Ausrüstung (sonstiges Material)

. . . einer „Zirkus-Company" kann grenzenlos sein. Gerade in der zirkus-pädagogischen Arbeit wird relativ viel Material gebraucht. Aber allein ein Zirkusclown bekommt schon einiges zusammen: „Die ‚3 Fratinellis' schleppten 3 Tonnen Clownsgepäck mit sich herum" (T. Messner, Die Formeln der Clowns)!
Je nach Größe der Zirkusarbeit sollte trotzdem nur das notwendigste, wirklich verwert- und verwendbare Material zusammengetragen werden.
Zur Ausrüstung eines „größeren" Zirkus könnte noch dazugehören:
Zirkuswagen (alte Bauwagen, kleinere Leiter-, Handwagen), ein Zirkuszelt (Anschaffung, Wartung sehr teuer, Auf-, Abbau sehr aufwendig, besser: ausleihen!), Drehorgel (ausleihen!), Jahr-

marktsbuden (Leichtbauweise aus Tüchern, Sperrholz, Preßpappe), Biergartenbänke (für Zu-schauer), Bauchladen, Kassenhäuschen, Eingangsportal (Fassade).

KASSENHÄUSCHEN (von hinten)

BAUCHLADEN

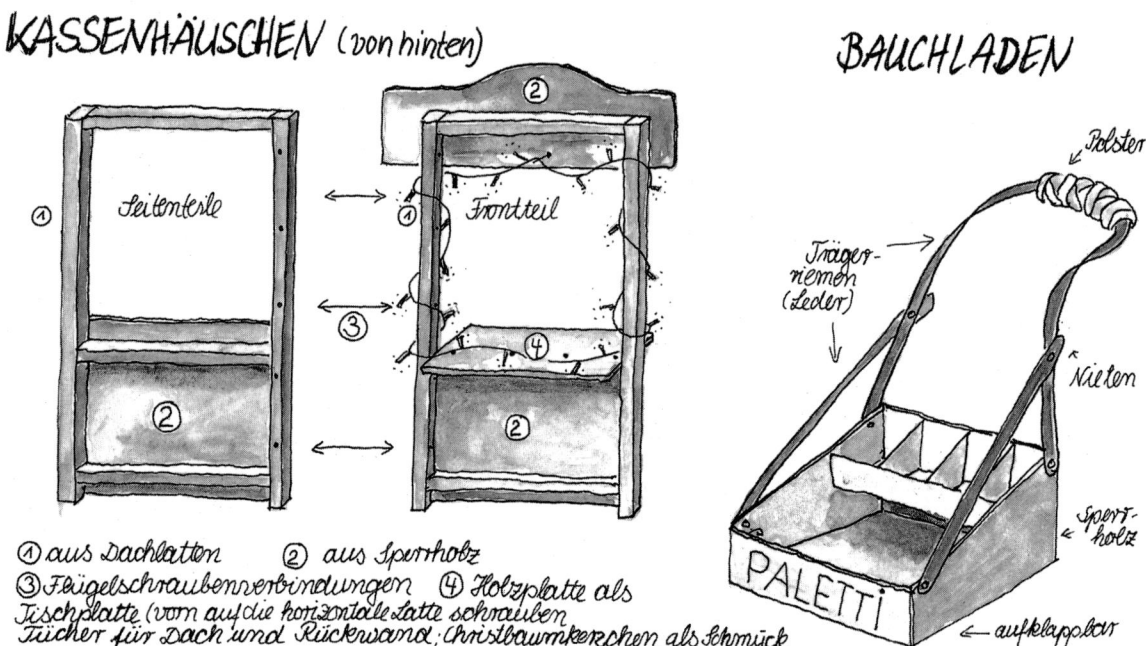

① aus Dachlatten   ② aus Sperrholz
③ Flügelschraubenverbindungen   ④ Holzplatte als
Tischplatte (von auf die horizontale Latte schrauben
Tücher für Dach und Rückwand; Christbaumkerchen als Schmück

III. Der Zirkus ist da!

1. „Spielen gehen . . .!"

Zirkus machen mit Kindern heißt in erster Linie das Zirkusgeschehen zu spielen. Dabei wird das ernst genommene Arbeiten, wie beispielsweise das unermüdliche Erlernen von Fertigkeiten und das anstrengende Üben und Proben für einen Auftritt, nicht ausgespart, sondern gehört unbedingt dazu. Wie jedes Spiel eignet es sich dazu, die Phantasie und Kreativität der Kinder anzuregen. Es ist ein Spiel, bei dem man eingreifen, verändern lernen kann, ein Spiel, in dem man sich ausspielen, ausprobieren, sich etwas zutrauen kann. Es ist ein Spiel, bei dem der ganze Mensch gefragt ist. Es kann die Erfahrung von Freiheit ermöglichen, Freiheit von Konventionen, von Herrschaft, von alltäglichen Belastungen.

Wird Spielen so verstanden, dann ist es aus unserem Leben nicht wegzudenken. Nicht nur die Spieler, sondern auch die Zuschauer nehmen diese Eindrücke auf. Sie sind für unser Leben so wichtig wie „Wasser und Brot"!

Ist hier nicht auch ein Hinweis darauf zu finden, daß das Spiel kein von Erwachsenen erfundener Schonraum für Kinder sein kann?!

Im Kinderzirkus soll das alles unbehindert möglich sein . . . Gehen wir hin, spielen wir mit!

2. Die Zirkusspiele

Animatione!

Zirkusanimation ist eine ganz entscheidende Sache. Wörter und Bilder können nicht annähernd das vermitteln, was aktives Vor- und Mitspielen vermögen.

Die Animation beginnt mit dem Umzug!

Ein Umzug mit Dekorationen, Verkleidungen, viel Krach und Klamauk im Stadtteil oder im Ort kann dazu dienen, Kinder einzusammeln, „zusammenzutrommeln", kann insgesamt Aufmerksamkeit auf das Projekt lenken, den Beginn signalisieren und: Lust auf Mitmachen schaffen!

Das alles kann auch ein ausgedehnter Einzug bewirken. Wenn man so mit Kindern in schon dekorierte Räume einzieht, ist die Überraschung doppelt so groß!

Ein Einzugslied:

Eine fast schon professionelle Animation ist ein Zirkustheaterstück!

Es besteht aus einer längeren Vorführung von den Erwachsenen und umrankt meist ein Problem oder Thema, wie z. B. den Liebeskummer jenes Direktors, der sich unsterblich in die Giraffe Mirabella verliebt hatte. In diesem Stück sind alle vorhandenen Artistengruppen so eingeflochten, daß sie gleichzeitig vorgestellt werden. Wenn das ganze Geschehen auch noch Mitspiel-Gelegenheiten für Kinder bietet, kann es von ihnen intensiv miterlebt werden.

h Den größten „aktivierenden Effekt" bieten aber Großgruppenspiele!

Aus der Manegenmitte lassen sie sich gut anleiten, und am Manegenrand entsteht ein natürlicher Spielkreis.

Das gilt auch für und im Zusammenhang mit Zirkusliedern.

Singspiele eignen sich am besten, wenn man nicht so viel „Bewegungsfreiheit" beanspruchen will oder kann. Hierzu ein paar Tips:

● „Jack saß in der Küche mit Tina!", im: Liederbarren. Bund-Verlag

● „Wenn Tiere nicht mehr mitmachen", „Erfinderlied", in: M. Mechtel. Es lebt ein Krokodil am Nil. Stalling Verlag

● Gute Bewegungsanleitungen, viele Ideen in: S. Stöcklin-Meier. Eins, zwei, drei – ritsche, ratsche, rei. Kinderspielverse. Ravensburger

Singspiele können leicht durch einen neuen Zirkus-Text in aktuelle Zirkus-Mitmach-Lieder verwandelt werden!

● Ein lustiges Zirkuslied mit Spielvorschlägen: „Der Clown", in: K. Hoffmann. Das Musik-Spielmobil. pläne

Spiele am Manegenrand!

● Ein Platzanweiser sorgt für Chaos.
Bevor es losgehen kann, meint dieser, es müsse erst noch Ordnung geschaffen werden: „Wo ist Thomas? Wo Christine?" fragt er, und wenn er tatsächlich zwei Anwesende gefunden hat: „Setzt euch bitte sofort nebeneinander!" Und schnell fragt er weiter ... Er fängt an, durch sein Herumdirigieren immer mehr Chaos zu verbreiten ... bis der Direktor ihn „endlich" rausschmeißt!

Zirkus-Paletti-Song

1. Wir sind vom Zir - kus Pa - let - ti und la - den euch jetzt ein, hier in un - serm Zir - kus selbst die Ar - ti - sten zu sein.

Refrain (alle):
Zirkus Paletti,
bunt wie Konfetti,
süß wie Lakritz:
Flitz ... hin!

(Das Ganze „sprechen": laut — leise, ganz laut — ganz leise, schreien, unhörbar leise, wie ein Direktor, ein Manegendiener, eine Seiltänzerin, ein Kraftmensch ...)

2. Hier in der Manege des Paletti
probieren wir es vorher aus.
Das Zaubern und Balancieren,
das kriegste ganz schnell raus!

3. Los, trau dich hin zu Paletti,
wir brauchen euch doch sehr!
Hey du und du, ihr alle,
macht mit und kommt schnell her!

Schlußrefrain:
Zirkus Paletti,   (linke Hälfte)
bunt wie Konfetti,   (rechte Hälfte)
süß wie Lakritz: (linke Hälfte)
Flitz ...   (rechte Hälfte)
hin!   (linke Hälfte)
und:
Zirkus Paletti   (alle, langgezogen und leise)
schööööööööön!   (langsam zur Rakete steigern: stampfen, klatschen, schreien)

(T. und M.: H. Bröckelmann)

33

Krea-Ki-Zi-Lied

1. Ich möcht mit ei - nem Zir - kus ziehn mit vie - len bun - ten Wa - gen, die mei - ne Welt und dei - ne Welt auf ih - ren Rä - dern tra - gen, die tra - gen.

(Die erste Strophe trägt ein Zirkusmensch allein vor.)

2. Wer will mit unserm Zirkus ziehn
   als Clown, Artist . . ., als Affe
   I: oder als der lange Hals
   der Pappmaché-Giraffe? :I

(Die anderen Zirkusleute kommen holterdipolter herein und ahmen die aufgezählten Rollen nach.)

3. Wer will in unsern Zirkus gehn
   als Kraftmensch oder Löwe,
   I: Schlangenmensch, Fakir und Pferd,
   Direktor und Dompteure? :I

(Sie singen mit und fordern die Kinder auf, die aufgezählten Rollen ebenfalls nachzuahmen.)

4. Ich will in diesen Zirkus gehn
   mit meinen liebsten Sachen,
   I: mit Träumen und ein wenig Mut
   und Zeit zum Toben, Lachen. :I

(Die Zirkusleute haben sich inzwischen unter den Kindern verteilt.)

Je häufiger dieses Lied gesungen werden kann, umso mehr Spaß macht es, die angeführten Menschen oder Tiere pantomimisch nachzustellen!

(T.: Wilhelm Willms, M.: Peter Janssens, aus: Circus Mensch, 1976
Titel: Ich möcht mit einem Zirkus ziehn,
Rechte: Peter Janssens Musik Verlag, Telgte/Westfalen)

Trau dich!

Trau dich! Trau dich! Auch wenn es da-ne-ben geht. Trau dich! Trau dich!

Es ist nie zu spät. Wer's nicht sel-ber aus-pro-biert, der wird leich-ter

an-ge-schmiert. Trau dich! Trau dich! Dann hast du was ka-piert.

„Eine Reise in die Zirkuswelt!"
– Zirkusspielekette für jede Altersgruppe

(Material: Karteikarten, Kugelschreiber, Plastikplane, kleine Bälle, Farben, Zirkusmusik)

Der Spielleiter erzählt *und gibt Hinweise:*

„Um von hier aus (Gruppenraum, Schulklasse) in die Zirkuswelt zu gelangen, bedienen wir uns eines Raumschiffes . . . im Kreis knieend, Schulter an Schulter,

der Kommandant befragt jeden seiner Crew (Piloten, Copiloten, Maschinisten . . .), ob alles klar ist, der Countdown läuft von 10 auf 0, bei ‚zero' entzündet sich die Rakete des Raumschiffes, sie beginnt zu steigen,

nachdem sie die Erdhülle verlassen hat, beginnt das Raumschiff im All zu treiben, wenn das Raumschiff zerfällt, müssen alle schnell in die Raumgleiter umsteigen, zur Erde zurückfliegen, dort sind sie dem Wetter ausgesetzt (. . .)

Flughafen ‚Zirkus-Land'! Schnell alle auf die Fahrräder zum Bahnhof, dort werden Fahrkarten verkauft, alles steigt ein in den Zug nach ‚Zirkus-City', die Fahrt geht

Mitspieler nennen ihren Namen und geben „o. k."-Signale durchs Mikro (Faust),

gemeinsam zählen, langsames bis schnelles Trommeln der Hände am Boden, langsam steigern und aufrichten, mit den Füßen weiter trommeln,

Schulter an Schulter im lückenlosen Kreis durch den Raum drehen,

zu zweit hintereinander,

entsprechendes Flugverhalten nachahmen,

„Fahrrad fahren" auf dem Rücken,
Karten mit Tiernamen verteilen (je 4 gleiche Namen),
Schlange bilden,

durch Berge, Täler, Tunnel, enge Kurven, plötzlich öffnet jemand alle Tierwaggons, die Tiere brechen aus, die Tierfamilien wollen Artisten sein, bauen deshalb ein Zelt, üben eine Zirkusszene ein und stellen sie den anderen Familien vor,

durch Körperbewegungen nachahmen,
durch Tierstimmen, -bewegungen in 4er-Tier-Gruppe zusammenfinden,

mit ihren Körpern,
pantomimisch,

. . .
. . ."

Dargestelltes erraten lassen

Was passiert weiter? Schließen sich die Familien vertrauensvoll zusammen? Gibt es irgendwelche unerwarteten Vorkommnisse und Entwicklungen? Passiert vielleicht sogar ein Mord in der Manege? . . . Dieses Zirkusspiel kann jetzt phantasievoll beliebig weitergespielt werden!

3. Die Familiengründung

Gruppenfindung!

Die meisten Artistengruppen und Zirkusfamilien wurden und werden durch Vater, Mutter, Onkel, Tante, Tochter, Sohn gebildet. Im Kinderzirkus muß das etwas anders laufen:
Jede Animation durch die Betreuer sollte gleichzeitig eine Vorstellung der zu gründenden Gruppen beinhalten. Weitere Möglichkeiten:
Der Direktor kündigt seine Mitarbeiter nach und nach an, sie kommen entsprechend verkleidet in die Manege und führen kurz etwas vor. Dabei wird jedesmal deutlich, daß noch weitere Mitstreiter in dieser Gruppe benötigt werden.
Der Direktor ruft im Schnelldurchlauf alle Artisten-Mitarbeiter herein, sie laufen mit einem Plakat durch die Manege und stellen sich danach alle zum Singen eines Zirkusliedes auf.
Eine gute Möglichkeit ist auch eine „Jahrmarkt-

Schreierei": An Buden und Ständen wird lautstark für neu zu gründende Artistengruppen geworben.
Viel pädagogisches Geschick erfordert die oft notwendige Begrenzung der Mitgliederzahl einer Gruppe, schließlich soll die Freiheit der Wahl bestehen bleiben und die Kinder sollen das machen können, worauf sie Lust haben!
● Es gibt eine Wäscheleine mit einer bestimmten Anzahl an Wimpeln oder Wäscheklammern (mit Symbolen beschriftet). Die Kinder können sie sich aussuchen, abnehmen, tauschen.
● Überredungskunst, Werbung für relativ leere Gruppen,
● jeder Gruppenleiter gibt eine bestimmte Anzahl an Stirnbändern heraus, die dann ebenfalls getauscht werden können,
● Gruppen, die zu klein sind, zusammenlegen (Artistikkombinationen), und Gruppen, die zu groß sind, durch zusätzliche Mitarbeiter betreuen.

Vorschläge für den Beginn der Artistengruppenarbeit

Die neuen Artistengruppen ziehen sich in ihre Räume zurück, und die Kinder möchten am liebsten schon als Superartisten gefeiert werden.
Wie kommen sie aber dahin?

Deshalb folgt jetzt eine Zusammenstellung zu dem, was sich für den Beginn einer Zirkusgruppenarbeit bewährt hat. Die einzelnen Elemente werden natürlich je nach konkreten Bedingungen und Erfordernissen in ihrer Qualität und Quantität variieren. Das meiste sollte aber in fast allen Gruppen zum Tragen kommen.

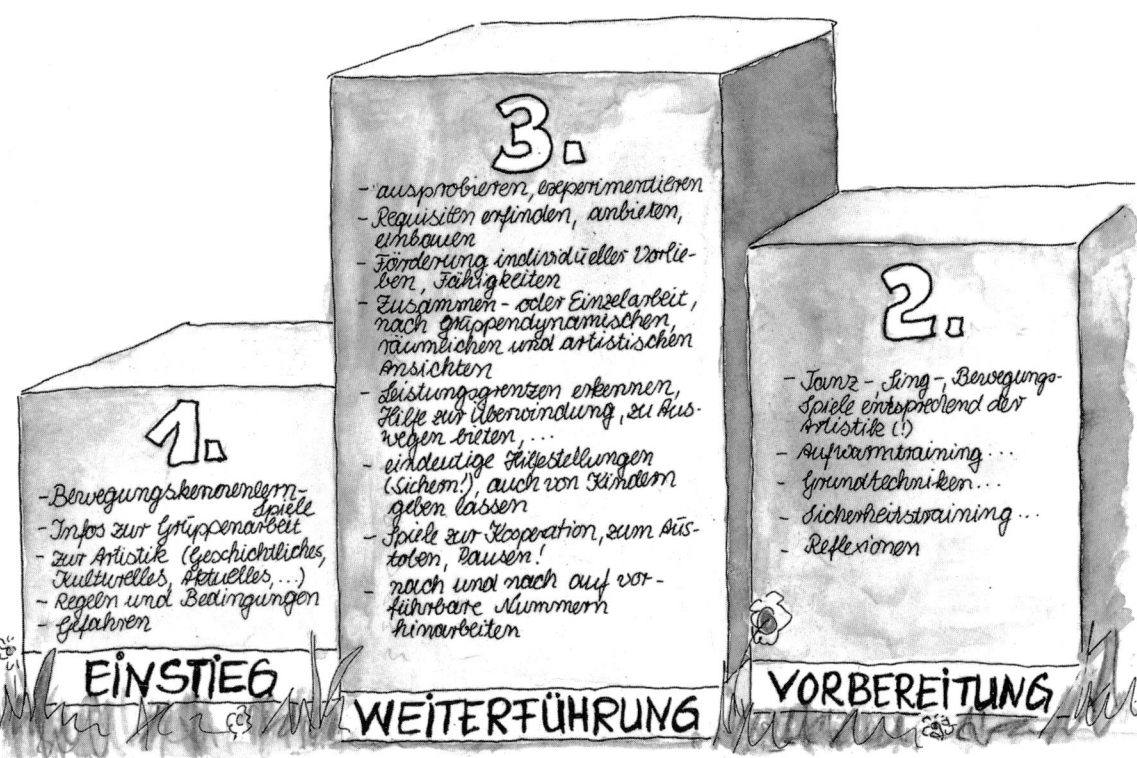

1.
- Bewegungskennenlern-spiele
- Infos zur Gruppenarbeit
- zur Artistik (Geschichtliches, Kulturelles, Aktuelles,...)
- Regeln und Bedingungen
- Erfahren

EINSTIEG

3.
- ausprobieren, experimentieren
- Requisiten erfinden, anbieten, einbauen
- Förderung individueller Vorlieben, Fähigkeiten
- Zusammen- oder Einzelarbeit, nach gruppendynamischen, räumlichen und artistischen Ansichten
- Leistungsgrenzen erkennen, Hilfe zur Überwindung, zu Auswegen bieten, ...
- eindeutige Hilfestellungen (Sicher!), auch von Kindern geben lassen
- Spiele zur Kooperation, zum Austoben, Pausen!
- nach und nach auf vorführbare Nummern hinarbeiten

WEITERFÜHRUNG

2.
- Tanz-, Sing-, Bewegungs-spiele entsprechend der Artistik (!)
- Aufwärmtraining ...
- Grundtechniken ...
- Sicherheitstraining ...
- Reflexionen

VORBEREITUNG

Wem das alles zu theoretisch vorkommt, der sollte sich an den nächsten Abschnitt (Zirkusartistik) machen. Dort gibt es eine Auswahl konkreter Anregungen zur Gruppenarbeit.

IV. Arbeiten im Zirkus! – Tips und zirkus-pädagogische Hinweise zur Artistenarbeit

Dieser Abschnitt enthält eine Menge Informationen über das, was sich in der Artistenarbeit bewährt hat und wichtig erscheint. Die einzelnen Artistengruppen sind so zusammengestellt, daß sie jeweils ein abgeschlossenes Kapitel bilden. Deshalb enthalten sie auch:

- Eine Ankündigung des Direktors,
- Wissenswertes zur Artistik,
- spezifische Hinweise zur Gruppenarbeit,
- Tips für den Auftritt und Auftrittsmöglichkeiten,
- Hinweise zu „Maske – Schminke – -Kostüm", Requisiten/-Bau,
- Anregungen zu: Spiele, Training, Übungen . . .
- zuletzt: Literaturhinweise zur Vertiefung!

1. Das Zirkusorchester

Hochverehrtes Publikum, Applaus für unsere „Gummi-Big-Band", die uns so hervorragend in die Vorstellung geleitet hat. Sie wird uns jetzt einen extra musikalischen Leckerbissen servieren.
Bitte schön!

Mach nicht so'n Krach!

Dabei ist die Welt der Erwachsenen voll davon. Dort ist es möglich, durch einen einfachen Knopfdruck Maschinen und auch sogenannte elektro-akustische Geräte zu großen Umweltverschmutzern zu machen. Wenn Kinder klopfen, ziehen, huschen, brüllen, schreien oder singen, entspricht dieses Geräusche oder Töne machen in aller Regel ihrem emotionalen Empfinden. Sie schaffen sich so eine angemessene Ausdrucksmöglichkeit und machen gleichzeitig elementare Erfahrungen über die Zusammenhänge der Entstehung von Schall, Geräusch und Klang.

Im Kinderzirkus wollen wir an dieser Stelle anknüpfen. Kinder sollen Krach machen dürfen, einfache Instrumente selber basteln und dabei Funktionszusammenhänge verstehen können. Nicht Perfektion, technisches Beherrschen eines Instruments, sondern das Herausfinden seiner Möglichkeiten und das Experimentieren stehen im Vordergrund. Indem die Kinder ihre Kreativität, ihre Energie und Stimmungen dazugeben, erfahren sie Musik als Ausdrucksmöglichkeit.

Aber Musik hat im Zirkus auch eine besondere Bedeutung! Natürlich trägt auch die „Mukke" vom

Magnetband enorm zur Kinderzirkusatmosphäre bei. Aber, was wäre ein Zirkusprogramm ohne unmittelbare Begleitung eines Orchesters. Ein livehaftig anwesendes Orchester schafft eine vollkommen andere Atmosphäre als Konserven-Mukke. Trommelwirbel, Tusch, Paukenschlag, Geräuschkulisse – das sind die Markierer von Spannungsphasen, Höhepunkten, Beginn und Ende einer Vorstellung. Damit trägt das Orchester einen großen Teil der Verantwortung für die Gesamtdarbietung, der es nur durch große Konzentration auf die Vorgänge in der Manege gerecht werden kann.

HINWEISE
. . . zur Gruppenarbeit!

- Ein Orchester braucht besondere Räumlichkeiten: schallisolierte Plätze, die auch Möglichkeiten zum handwerklichen Instrumentenbau bieten.
- Einfache Instrumente bauen und später vorhandene Instrumente (z. B. Orffsches Instrumentarium) dazunehmen.
- Instrumente allein erkunden, dann erst den anderen vorstellen lassen, damit jeder gut hören kann, was er spielt.
- Zusammen rhythmische Spiele, Übungen, Klangerfahrungen machen, dazu vorher eine Menge verschiedenartiges Material zum Probieren und Basteln zusammensuchen (!).
- Die Vorbereitung auf musikalische Elemente für den Umzug (Marschrhythmus . . .) und für die Gala (Trommelwirbel, Tusch . . .) und
- die Entwicklung einer eigenen Nummer (z. B. interessante Instrumentenvorstellung, Musiktheaterstückchen . . .) einplanen.
- Unter Umständen schauspielerische Playback-Nummer einstudieren, Schlager, Poplieder verändern, nachsingen . . .

- Mögliche kurze Soloauftritte von Percussionisten, Drummern, Bläsern . . . (Musikprofis unter den Kindern?) einbauen und zulassen.
- Hospitation bei anderen Artistengruppen, die eine besondere musikalische Begleitung wünschen.
- Abstimmung mit dem Ton-Techniker, der für die Konservenmusik zuständig ist!

. . . für den Auftritt!

- Einen eindrucks-, stimmungsvollen Einzug in die Manege als Startschuß für das Programm und als Eröffnung des Finales mit allen Kindern machen.
- Das Orchester muß auf seinem Platz von allen gut gesehen werden und selbst gut sehen können (kleine Podeste!?).
- Der Orchesterstandort sollte durch attraktive Dekorationen kenntlich gemacht werden.
- Ein Mikrofon sollte in Reichweite sein, etwa für eventuelle Soloauftritte (– muß vorher ausprobiert worden sein!).
- Solisten sollten sich (z. B. beim Tusch) präsentieren, indem sie aufstehen.
- Der Gruppenleiter sollte die Orchesterleiter-Rolle wahrnehmen, um Einsätze zu geben, denn die Aufmerksamkeit der Kinder ist oft auf die Manegenereignisse gebannt.

Instrumentenbau
„Pauken und Trompeten"

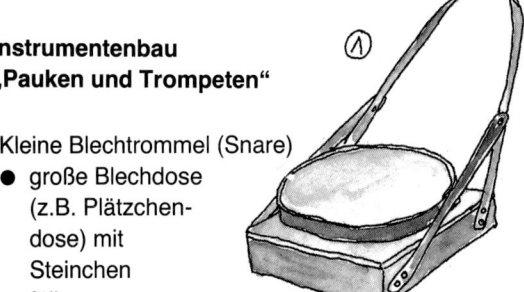

Kleine Blechtrommel (Snare)
- große Blechdose (z.B. Plätzchendose) mit Steinchen füllen.

- stabiler, flacher Karton, besser Holzkasten (z. B. aus flacher Schublade), im Deckel kreisrundes Loch im Dosen-Durchmesser aussägen/ schneiden
- am Orchesterplatz: durch Steine gegen Wegrutschen beschweren
- zum Tragen: Lederriemen anschrauben

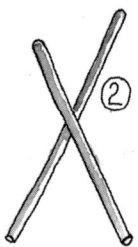

- Sticks: 35–40 cm lange (1 cm Durchmesser) Rundhölzer absägen und an einer Seite abrunden

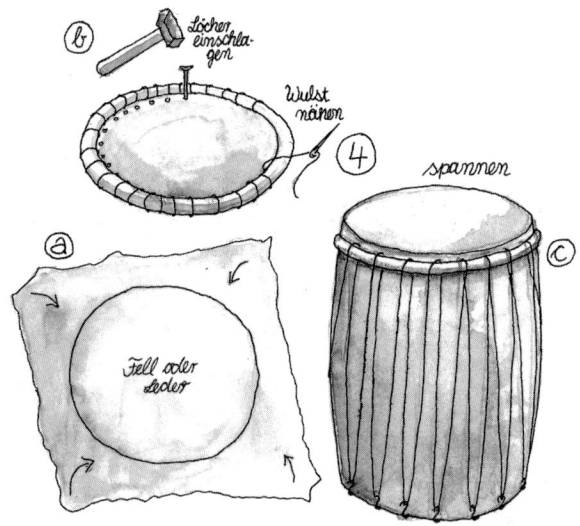

Große Plastik-Conga

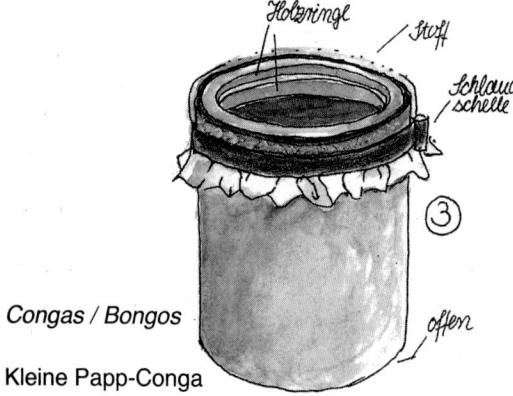

Congas / Bongos

Kleine Papp-Conga

- große Waschmitteltonne, Boden entfernen
- oberen Rand mit doppelseitigem Klebeband umkleben, mit dicker Folie bespannen und stramm mit viel Bindfaden umwickeln (Bespannung hält nicht lange, erneuern!)
- oder: stabilen Stoff (z. B. Nessel) überziehen, mit Schlauchschelle befestigen, Tuch spannen, mit Spannlack bestreichen (zur Stabilisierung u. U. Holzringe aus dickem Sperrholz mit Stichsäge ausschneiden, von innen einleimen)

- Regentonne (Plastik), oben mit Wulst, Boden entfernen, oben scharfe Kanten entfernen
- Fell (Ziege, Reh, Rind – gegerbt, aus Schlachterei) oder großes Fensterleder (in Wasser einweichen = dehnbarer), bis zum Faßdurchmesser plus 10 cm von den Seiten her zusammenrollen, gleichzeitig mit Kontaktkleber verkleben, mit Hammer festklopfen, Wulst umnähen. Dann in regelmäßigem Abstand Löcher (mit dickem Nagel) einschlagen
- 0,5–1 cm dicke, reißfeste Schnur durchziehen, unten an Metallhaken befestigen und spannen

Bongos

entstehen aus Stücken von Pappröhren (Makulaturpapier-, Teppichbodenkernen) oder Plastik-Kanal-

und Abflußrohren, die nach dem Verfahren (siehe Papp-Conga) bespannt, zusammengebunden und zusammengestellt werden . . .

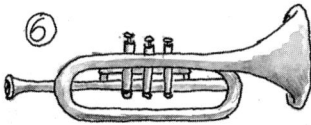

Trompeten

● große Pappinstrumente ausschneiden und bemalen, am Mundstück Kazoos ankleben,
oder
● Kazoo in Gartenschlauchstück schieben, diesen etwas verdreht zusammenkleben, Plastiktrichter am anderen Ende befestigen
● solche Hörner und alle möglichen anderen Formen von Trompeten, auch aus Metall-, Kunststoffröhren, Leitungsrohren, können auch mit Hilfe eines Kesselmundstücks geblasen werden.

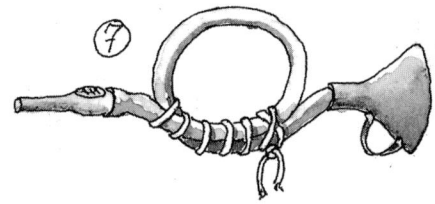

Eimer-Pauke

● Über Eimeröffnung mit stabiler Folie verklebten (Kontaktkleber) kräftigen Holz- oder Metallring stülpen, den Ring mit Spannvorrichtung versehen: An zwei gegenüberliegenden Seiten kann der Spieler seine Füße in die Schlaufen stecken und durch unterschiedliches Spannen verschiedene Tonhöhen spielen; den Eimer mit einem kleinen Loch versehen, damit Luft entweichen kann!

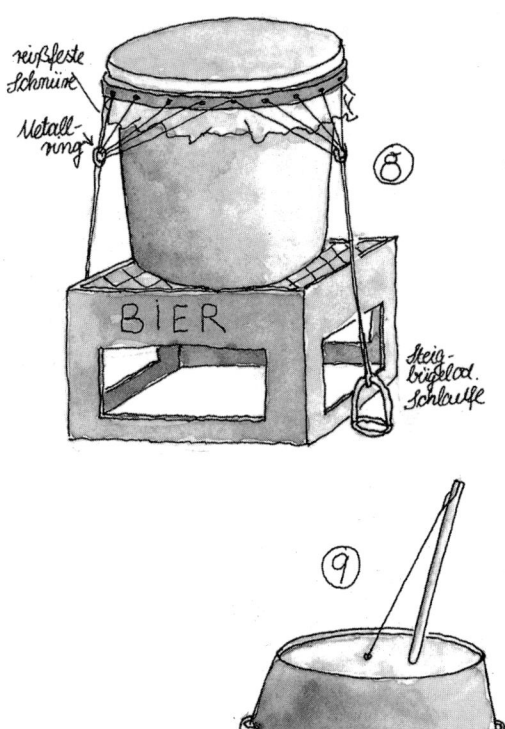

Brumm-Baß

● Eine alte Zinkwanne (Sperrmüll) in der Mitte durchbohren, stabile Perlonschnur oder auch Federstahldraht von innen mit Schraubenmutter befestigen, das andere Ende mit einer kleinen Schlaufe in eine Kerbe ans Besenstielende spannen.
● Wird der Besenstiel auf die Wanne gesetzt und der Boden gespannt, sind Baßtöne spielbar (unterschiedliche Tonhöhen durch Abgreifen und Zupfen bzw. Streichen mit „Kleiderbügelbogen").

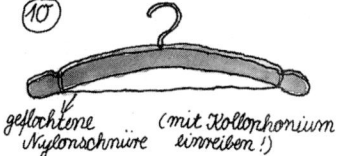

Waldteufel

- Kerbe im ca. 30 cm langen Stab feucht halten oder mit Kollophonium einreiben,
- Joghurtbecher oder Blechdose mit Fell (Schlauchschelle . . .) bespannen, Faden einknoten,
- Holzstab festhalten und Dose herumkreisen lassen.

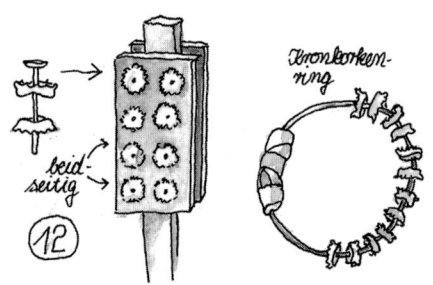

Klein Percussion

Kronkorken-Rasseln
- auf kräftigen Draht aufziehen, Griff abkleben, mit Stoff umwickeln

Schüttelrohre
- sämtliche Blech- oder Plastikdosen und -röhren sind geeignet
- Geräuschqualität erproben!

Klangstäbe aus Holz
- Claves – in der hohlen Hand gehaltenes Besenstiel-Stück (ca. 18 cm) wird mit einem anderen Stück angeschlagen.

- Mini-Marimba – zwei unterschiedlich lange/dicke Hölzer auf ihren Zusammenklang untersuchen, auf Oberschenkel legen – ca. ¼ der Gesamtlänge (22% vom Ende) muß rechts und links überstehen, mit Holzschlegel anschlagen, das Holz sollte keine Astlöcher/Risse haben und aus Hartholz bestehen.

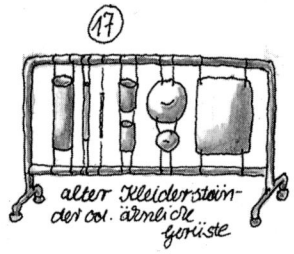

Klangstäbe aus Metall und Bleche
- Metallröhren, -stäbe aller Art, Dosen, metallene Gegenstände (Löffel, Schlüssel, Schüssel, Kuchenbleche, Deckel und Töpfe) zum Riesen-Klang-Spiel zusammenhängen,

● durch andere Geräusch- und Klangerzeuger (aus Pappe, Papier, Ton . . .) erweitern und Geräuschkulisse-Maschine zusammenbauen,
● großes bewegliches Metallblech durch Schütteln und Biegen als Donnerblech benutzen.

z. B.: Fußgängerzone – Stimmengewirr, Getrappel, Rufe, Melodien . . .
Maschinenhalle – eintöniger, gleichlaufender Rhythmus verschiedener Preß-, Druck-, Schweiß-, Transportmaschinen.

Maske – Schminke – Kostüm

Schminken und kostümieren je nach Orchester-Typus: Big-Band, traditionelles Zirkusorchester, Punk-Band, Komikerkapelle, africa-percussion-group . . .
– aber: Auffällig und die Zusammengehörigkeit durch gemeinsames Verkleidungsmerkmal erkennbar machen.

Spiele – Übungen

Mit Klängen und Geräuschen spielen

● Fußorgel:
Auf dem Fußboden sind Felder abgeklebt (Tesa-Krepp), darin liegen unterschiedliche Klangerzeuger. Bis auf einen Mitspieler, den Orgelspieler, suchen sich die anderen ein Instrument aus, nehmen es aus dem Feld, merken sich die Stelle. Der Orgelspieler geht nun die Felder ab, jedes Feld muß mit dem jeweiligen Instrument so lange klanglich „gefüllt" werden, wie es vom Spieler berührt wird (ausprobieren, wechseln).

● Umweltgeräusche:
Ereignisse, Orte etc. mit Instrumenten, der Stimme, den Händen und Füßen . . . nachgestalten:
z. B.: Donner – Donnerblech, Pauken, Trommeln,
Blitz – kurzer Schlag auf Blechdeckel o. ä.,
Regen – Finger auf Holz trippeln
Wind – mit Stimme oder in Röhren blasen

Instrumente erkunden

● Instrumenten-Forscher-Spiel:
Ein Forscher hat ein bisher unbekanntes (gerade gebautes) Instrument entdeckt, untersucht jetzt, wie es sich anhört (laut, leise, schnell, langsam, an bestimmten Stellen, auf bestimmte Spielweise) und was es alles kann. Danach stellt er es dem Forscherteam vor!

● Dirigentenspiel:
Ein Dirigent (zuerst der Gruppenleiter) verdeutlicht mit einigen Taktstock-Zeichen, wann ein Instrument (laut – leise, schnell – langsam . . .) oder eine Instrumentengruppe einsetzen oder aufhören soll.

Rhythmusspiele

● Die Musikgorillas!
Alle (Gorillas) versuchen gleichzeitig, im Kreis stehend zu klatschen, dann versuchen sie im gleichen Zeitmaß zu klatschen (laut – leise).
Gorillatanz! Es bilden sich zwei in einiger Entfernung voneinander stehenden Gruppen, sie gehen breitbeinig und abwechselnd Schritt für Schritt (pro selbst ausgeführten Schritt einen Klatscher!) wie zwei Gorillagruppen aufeinander zu, danach genauso wieder auseinander (laut – leise), etwas schneller werden.
Die Gorillagruppen teilen sich in vier Gruppen auf vier Seiten, sie verfahren ebenso wie vorher (pro Gruppe rechts 'rum einen Schritt/Klatscher).

Das Klatschen wird durch Schlaginstrumente ersetzt, dabei jeweils eine Klangerzeugung pro Schritt (weiterhin versuchen, im Metrum zu bleiben).

Jetzt nicht mehr gehen, nur noch mit dem Fuß tippen, Näherkommen und Auseinandergehen durch die Lautstärke verdeutlichen.

Nur noch vier Kinder spielen ein Schlaginstrument der Reihe nach, dabei schlägt das erste Kind auf ein durchdringendes Instrument, die anderen machen dazu Klangimprovisationen („Klangteppiche" – langgezogene Tonerzeugung, vorher üben!). Wer von den Klangerzeugern Lust hat, kann zum Rhythmus jetzt Gorillatänze erfinden und tanzen.

Fortführung
der Klang-, Rhythmus- und Instrumentenerfahrung z. B. durch:

Kontrastspiel zu zweit
Jeder versucht mit dem Instrument das Gegenteil vom Gegenüber zu machen.

Dialogspiel
Zwei Spieler versuchen, sich etwas zu erzählen, sich zu streiten, sich zu befreunden . . . mit Hilfe des Instruments.

Übungen zum Umzug / zur Vorstellung

Große Trommel
(Marschrhythmus)

Snare
(abwechselnder
Stockschlag re/li)

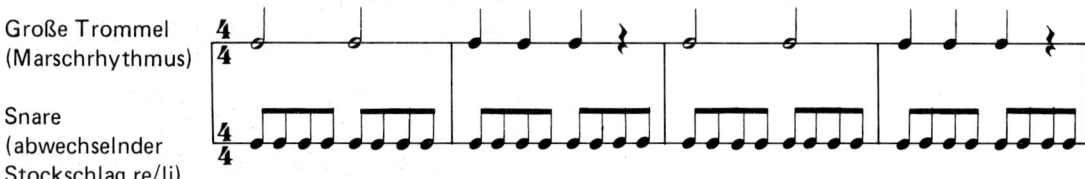

Tusch

Kazoos/Trompeten

Snare (Wirbel)

Große Trommel

Literatur

Ger Storms: Spiele mit Musik. Diesterweg/Sauerländer Aarau.

Fr. Reinhard: Spiele mit Klängen. Don Bosco Verlag.

K. Hoffmann: Das Spielmobil. pläne verlag. 1981.

P. K. Alfaenger: Überall ist Musik. Parabel Verlag. 1980.

M. Küntzel-Hansen: Musik mit Kindern. Klett extra.

Quoos, Ausländer: Bau einfacher Instrumente und erstes Zusammenspiel. Vlotho.

U. Martini: Musikinstrumente erfinden, bauen, spielen. Klett Verlag.

E. Schaffer: Bau einfacher Musikinstrumente. AOL Verlag.

D. Kreusch-Jacob: Das Liedmobil. 77 Spiel, Spaß, Wach- und Traumlieder. dtv; dazu: Spiel- und Spaßlieder, LP-2546056/MC-3346056, Wach- und Traumlieder LP-2546059/MC-3346059, bei Dt. Grammophon Junior

2. Geräteakrobaten – Äquilibristen

Meine Damen und Herren,
Jahre hat es gedauert, bis wir endlich einen Gastspielvertrag mit der folgenden Gruppe abschließen konnten. Heute sind sie hier – lassen Sie sich überraschen von den außergewöhnlichen Künsten der Japanischen Geräteakrobatik!

Zu beruflichen Zwecken wurden Stelzen, heute noch in seltenen Fällen, von Werbeträgern, Stukkateuren, Restauratoren und Malern benutzt. Heute ist der Stelzenlauf leider aus unserem Alltag verschwunden. Im Kinderzirkus fassen wir diese Kunst mit anderen zur sogenannten „Geräteakrobatik" zusammen. Dazu gehören: Rollenlaufen, Stuhlakrobatik, Leiterakrobatik und Einrad-, Fahrradakrobatik.

Stelzenläufer – woher, wohin?

Die Bezeichnung „Stelzen" leitet sich von Stützen ab, genauer: vom Bei-, Daneben-, Dazustellen. Z. B. wenn eine Holzstütze zu einem jungen Baum gestellt wird. Mit Holzstäben kann aber auch unterstützt (Gerüst) oder verlängert werden (Apfelpflücker). Solche Verlängerungen wurden schon früh im Orient als Sockel an die Holzschuhe geschustert, unsere heutige Variante ist der Stöckelschuh! Die Stelzen im hier verstandenen Sinne wurden später in Europa und Ostasien zur Überquerung von Sümpfen benutzt. Wegen ihrer „herausragenden" Wirkung zogen sie schließlich als Requisit im Theater ein. Bei Naturvölkern tauchten sie früh als Spielgerät für Bewegungsspiele auf, die dort aus rituellen Festen mit Masken entstanden sind!
In Europa konnte man Stelzenläufer im Mittelalter auf Jahrmärkten, in Straßentheatern, im Karneval, im Zirkus bewundern. Im 17. Jahrhundert entwickelte sich das Stelzenlaufen sogar zu einem der ersten und beliebtesten Kinderspiele. Seinen Höhepunkt erlebte es, als sich im 18. Jahrhundert Kindergartenkinder damit vergnügten und es kurze Zeit sogar zum Schulturnen gehörte. Lange Zeit blieb es ein wichtiges Spiel auf Schulhöfen und Plätzen.

Hinweise
... zur Gruppenarbeit

Der Gruppenleiter sollte alle Geräte selbst ein wenig beherrschen können!
- Achtung: Verletzungsgefahr!
  Deshalb:
  – Beim Absteigen Stelzen nicht fallen lassen,
  – unbenutzte Stelzen flach zur Seite legen,
  – Rollen nicht auf Tempo rollen,
  – unbenutzte Rollen auf die Seite drehen,
  – auf rutschsicheren Gummi-, Teppich-, . . . Böden üben,
  – oder/und mit Assistent/in,
  – allen Übenden genug Platz dazu geben!
- Besitzansprüche auf Geräte vermeiden. Jede(r) sollte auf dem Gerät üben können, das ihm/ihr am meisten liegt.
- Einstieg (s. Kap. Los geht's) durch:
  – Hinweise zur Stabilität der Geräte, Regeln zum Gebrauch, Gefahrenpotentiale,
  – genaue Anleitungen für Anfänger bringen Sicherheit und Ernsthaftigkeit
- Fortführung:
  – Grundfähigkeiten erlernen (vor/rück-, seitwärts, aufsteigen, absteigen); wichtigstes Ziel:

„Du mußt die Rolle/Stelze beherrschen, nicht umgekehrt!"
- zu Pausen anhalten!
- Erfahrungen, Lernbegierde, Umgang mit den Geräten, Sicherheit – ständig beobachten!

Beispiele für mögliche Nummern:

Stelzen

Hindernislaufen über Stangen, Wippen, Schrägen, liegende oder stehende Personen (mit Riesenstelze!), Parcourslaufen, Stelzentänze . . . Alles ist möglich!
Auch: Als Werbeplakatträger oder alternatives Nummerngirl!

Rollen

Rollentanz, Rollenbalanceübungen, Rollenmusiker, Rollen-Stelzen-Kombinationen, Akrobaten und Seilchenspringer auf Rollen . . .

Leitern

Leiterakrobatik erfordert ebenfalls die ganze Aufmerksamkeit von Gruppenleitern und Kindern im Umgang mit den Geräten. Weil sie sowohl besondere Gefahren birgt als auch ein besonderes Nummernprogramm ermöglicht, dazu einige Anregungen:

Leiterakrobatik

Die Leiter:
Für unsere Leiterakrobatik benutzen wir eine Patentleiter (Hailo Alu-Universalleiter, Modell 9716). Sie besteht aus vier Teilen, drei Gelenkstellen mit Sicherheitsvorrichtung (automatische, quetschfreie Verriegelung, sicher in jeder Stellung). Damit lassen sich verschiedene Leiterstandformen herstellen:

Zur Sicherheit:
Diese Leiter rutscht nicht so leicht weg, dafür droht sie schon eher nach vorne oder hinten wegzukippen; deshalb:

- Die Leiter stabilisieren, durch Helfer oder Spannseile, die u. U. an Pflöcken befestigt werden können,
- außerdem eine Sicherheitsstellung für die Kinder und ihre Kunststücke vorsehen (stützen, halten, führen, abfangen),
- Sportmatten wegen der Sturzgefahr am Boden auslegen, eine dicke Sprungmatte für besondere Absprünge,
- vor der Leiterarbeit Aufwärmtraining und Übungen am Boden machen. Die Ideen hier ausprobieren/ demonstrieren, dann erst und nur bei Anwesenheit des Gruppenleiters auf der Leiter proben.
- Oben auf die Leiter ein Sicherheitsbrett einlegen,
- auf dem Gerät langsame Bewegungen machen und möglichst immer auf die Sprossenmitte treten, damit die Leiter nicht so leicht aus dem Gleichgewicht kommt.

Mögliche Nummern
. . . entweder einzeln vorführen oder in eine kleine Geschichte einbauen, an den verschiedenen Standformen (a–e) orientieren.

Beispiele:

b) Eignet sich gut als Parcours, auf/über dem verschiedene Gegenstände balanciert oder jongliert werden können.
c) Ist als Vorübungs-Gerät für das Parcourslaufen und auch für besondere Absprünge und Partner-

kunststücke mit Bällen, Reifen etc. geeignet, weil es die stabilste Standform darstellt.

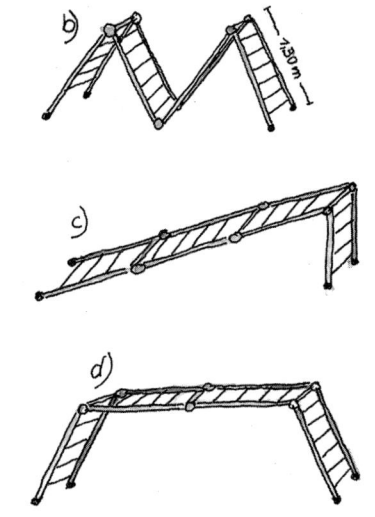

d) Dieser Stand bietet eine Fülle von Möglichkeiten,
- zum Hangeln mit Händen, mit Händen und Füßen,
- zum Jonglieren und Balancieren, beispielsweise: „Die Waage" (3).

Zwei Kinder, gleichgewichtig, steigen von den Seiten her auf die Leiter, stellen sich auf die Mitte der quergelegten, stabilen Bohle; der Gruppenleiter dirigiert nun die Kinder auseinander und zusammen durch langsames Zählen der kleinen Schritte der Kinder.

- zu akrobatischen Übungen, z. B. Oberarmstadt zwischen den Sprossen (Sicherheit!), mit einem Brett, das lang auf die Sprossen gelegt wurde, z. B. „Der Flieger" (4).

- zu vielen anderen Einzel- und Partnerkunststücken.
e) Hier wurde die Leiter seitlich auf den Boden gelegt, ein oder zwei abgeklappte Teile stabilisieren sie dabei. Balanceakte wie beim Seiltanz sind möglich.

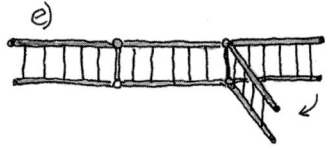

Zu den Absprüngen (Standard-):
- Strecksprung: Nach dem Absprung – Arme und Beine in die Luft strecken
- Drehsprung: . . . – Strecksprung mit Drehung
- Hocksprung: . . . – in die Hocke gehen
- Bücksprung: . . . – müssen sich Hände und Beine berühren
- Grätschsprung: . . . – Bücksprung mit gegrätschten Beinen und Armen
Achtung! Nie nach rechts oder links von einer Sprosse abspringen. Die Leiter besonders fest stabilisieren, Sportmatten auslegen!

Auftritts-Tips

● Besondere Ordnung und Sicherung der Geräte und Requisiten, besondere Hilfestellungen für die Akteure.

- Gerade dann, wenn etwas nicht sofort klappt, Zeit lassen, Ruhe bewahren.
- Ruhige Musik, gleichmäßiger Ablauf bis zu Höhepunkten mit Lichteffekten.

Maske – Schminke – Kostüm

Hier ist ebenso, wie bei der Entwicklung von Nummern, die Phantasie gefragt. Alles sollte zum Gesamtcharakter passen. Phantastische Figuren mit Masken auf Stelzen und Rollen (Halbmaske mit großem Sichtfeld) sind toll. Kostüme sollten bequem und nicht hinderlich lang sein. Lange Umhänge (siehe Skizze) sollten vor der jeweiligen Übung abgelegt werden.

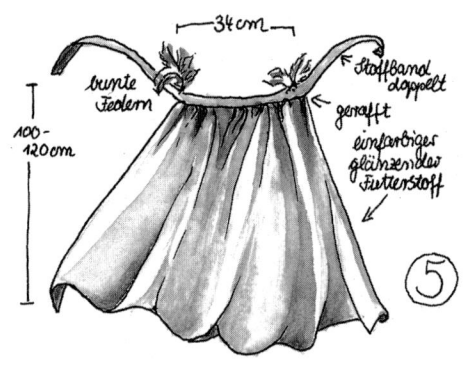

Requisiten

Dosen-, Holzklotz-Stelzen

Material:
- stabile Aludosen (Großhandelsdosen) oder stabile Plastikeimer oder Abschnitte von Zeitungspapier-, Teppichrollen-Kernen, von Rundhölzern
- Wäscheleine oder Zeltschnur für Handflächen mit Stoff umwickeln oder Handschuhe tragen

Stelze mit Griff

Material:
- 2 Vierkanthölzer (4×4, astfrei, gehobelt), je 90–160 cm lang
- 30-cm-Rundstab (∅ 2 cm)
- Brett für 2 Fußstützen (4 cm dick)
- Leim, 4 dicke Holzschrauben
- für die Haltegriffe: 5 cm vom oberen Ende (∅ 2 cm), ein 3,5 cm tiefes Loch ins Vierkant bohren, Rundstab (15 cm lang) hineinleimen

Berechnung der Stelzenhöhe (!): Körpergröße + Höhe der Fußstütze + 10–20 cm Zugabe

Stelze ohne Griff

Material:
- Vierkanthölzer je nach Höhenverstellbarkeit ab obere Trittfläche mindestens 160 cm lang,
- höhere Stelzen (Vierkant – 5×5): Fußstützen mit langen Flügelschrauben anbringen,
- verstellbare Fußstütze: im Abstand von 10 cm (1. Loch – 10 cm vom unteren Ende) 5 Löcher im Schraubendurchmesser durch das Vierkant bohren,
- zur Sicherheit unteres Vierkantende mit Fahrradmantelgummi beschuhen oder mit passenden Barhockergummis versehen.

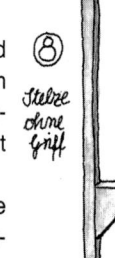

Telefonkabelrollen (z. B.: Durchmesser 50 cm)

mit flachen, aber stabilen Holzleisten (2×3 cm) zuschrauben und verleimen oder auch offen lassen, wenn die Rolle groß genug ist, um auf dem Kern laufen zu können. Große Plastiktonnen sind ebenfalls geeignet!
Bunte Gestaltung ist wichtig!

Sonstige Requisiten

Alu-Leitern und Patentleiter (ca. 300 DM – ausleihen!), Stühle, Fahrräder, Elemente für Parcours, Übersteigungen, zum Balancieren und: Bälle, Stäbe, Reifen, Bretter, Kerzen, Seile, Springseil, Plastik-Teller, -Becher, Kisten, Tisch, Holzblöcke, Luftballons, Sturzhelme etc.

Spiele – Übungen

Kennenlernen:
„Ich schicke ein Krokodil zu . . ." – Alle stehen im Kreis. Eine(r) in der Mitte ist das Krokodil. Er/sie wird von jemandem aus dem Kreis zu jemand anderen geschickt. Diese(r) muß sofort den Namen eines weiteren Kreismitglieds nennen, bevor er/sie abgeschlagen worden ist . . . und so fort. Das Krokodil versucht den eben Genannten rechtzeitig abzuschlagen, um mit ihm den Platz tauschen zu können.

Fühlen:
Heckenkitzel! Alle Mitspieler bilden mit ihren Körpern eine dichte Schlingpflanzenhecke, durch die ein einzelner von der einen zur anderen Seite gelangen muß. Wenn er durchgekommen ist, stellt er sich wieder in die Hecke, damit es der/die Nächste probieren kann. Aus der Hecke entsteht urplötzlich eine Kitzelmaschine, die jede(r) ebenfalls durchkriechen muß . . .

Übungen:
● Gleichgewichtsübungen,
z. B. auf einem Bein stehen: Arme hochstrecken, hinaufsehen, dann vorn 'rüber beugen, schließlich alle zusammen im Kreis an den Händen halten (Gruppengleichgewicht!) oder: Kerze – auf dem Rücken liegend, Kopfstand an der Wand, Klappmesser halten . . .

● Lockerungsübungen,
z. B. „Obstbaum schütteln": Den Partner locker an den Hüften, Beinen, Armen . . . fassen und ausschütteln, oder: „Wilder Tanz", „Hampelmann" – der rumhampelt . . .

● Sonst noch,
Marionette oder Besoffene spielen, Bauchtanz zur Beweglichkeit in der Hüfte . . .
Sicherheitsstellungen und -griffe siehe Akrobatik/die hohe Kunst!

Literatur

J. Pütz: Hobbythek-Buch 10. vgs Verlag (Stelzenbau).
K. Hoyer: Zirkus. AOL-Verlag (u. a. Bau einer Beinstelze)

Hochverehrtes Publikum, wir haben wieder mal weder Kosten noch Mühen gescheut, um Ihnen auch das Unglaublichste vom Ende der Welt präsentieren zu können. Sie werden Ihren Augen nicht trauen. Vorhang auf für die indischen Fakire!

Geheimnisvolle Fakir-Welt

Fakire – umherziehende Mitglieder einer alten indischen Hindukaste – waren ursprünglich heilige Männer, aber auch Bettler und Asketen. Ein Teil von ihnen sind ernst zu nehmende Mitglieder religiöser Orden, die sich durch asketische Übungen von allem „Diesseitigen" zu lösen versuchen.

Ein anderer Teil nutzte diesen religiösen Hintergrund, um frommen Menschen durch ihre besondere Körperbeherrschung und erstaunlichen Täuschungstricks, manchmal scheinbar auch durch Massensuggestion unheimliche Fähigkeiten und magische Kräfte vorzugaukeln.

Sie konnten ungeheure Gewichte mit ihren Augen „aufheben", über glühende Kohle barfuß laufen, ein Seil in der Luft schweben lassen, einen Jungen hinaufklettern und oben verschwinden lassen, sogar in der Luft schweben.

Meistens handelte es sich dabei natürlich um ausgefeilte Zauber- und Illusionstricks. Das Glutlaufen und Nagelbrettliegen kann aber auch durch ihre Fähigkeit erklärt werden, an sich selbst durch meditative Übungen besondere psychische und physiologische Zustände hervorrufen zu können. Diese sind in letzter Zeit durch Experimente mit Yogis im Westen nachweisbar gemacht worden.

Im Kinderzirkus versuchen wir uns kleine Täuschungstricks auszudenken, die zu den Kunststücken von Fakiren und Feuerspuckern gehören könnten.

Hinweise

. . . zur Gruppenarbeit:
● Fakir-Übungen nie alleine machen lassen, zu viele Gefahrenquellen (!).
● Ein pantomimisches Training ist wichtig, Nagelbrett ist wirklich spitz!
● Schauspielerische Elemente proben: Z. B. demütige Gestik, ausdruckslose Mimik, ehrerbietige Verbeugungen, verschränkte Arme, gelassenes Einherschreiten, im Schneidersitz sitzen, meditieren . . .!

. . . zum Auftritt:
● Zur Ankündigung: „Diese Übungen sind nicht zu Hause, sondern nur in der Fakir-Zirkusschule erlernbar!"
● Vorwiegend Soloauftritte von besonderen Fakir-Künsten durchführen.
● Orientalisch anmutende Musik oder Original-Flötenspiel!
● Licht: Abdunkeln, mit Teelichtern Manegenboden ausleuchten (mystische Atmosphäre!).

Maske – Schminke – Kostüm

Schminke, etwa: dunkelhäutig, Augenbrauen schwarz nachzeichnen, Haare glatt am Kopf (naß!), Gesichtsschatten (Magerkeit), oder . . .

Kostüme: weiße, leichte Tücher, Turban (siehe Anleitung) oder Kopfbinden, lange Armbinden, nackter Oberkörper, weiße Pumphose (siehe Akrobaten), barfuß o. ä.

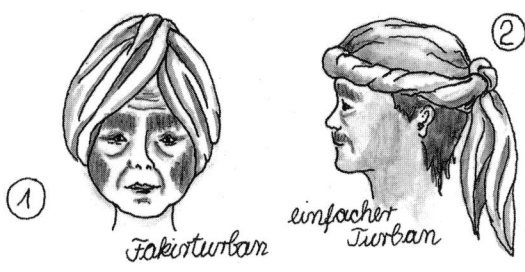

Einfacher Fakir-Turban

Weißer Stoff (Bettuchstück) quadratisch, mindestens 60 cm Länge, diagonal falten, lange Kante in der Mitte über die Stirn legen, Enden im Nacken verdrehen, nach vorne holen, verknoten, restliche Enden nach hinten binden.

Auftrittselemente (Beispiele)

Feuerfakire:
Sie essen brennende Kerzen, bestehend aus: Bananen oder Apfelstücken, mit Zitrone beträufelt und Mandelstücken in Speiseöl getränkt als Docht.
Sie machen Feuerproben, indem sie mit brennenden Fackeln über entblößte Arme fahren (Achtung, nicht zu nah ans Gesicht kommen, nur für ältere Kinder!).
Sie springen (Flugrolle) durch brennende Reifen oder über brennende Stäbe.
Sie können sogar Feuer spucken!

Übung, Übung:
● Spucken heißt, mit dem Mund fein zerstäuben – mit Wasser üben!
● Luftholen durch die Nase!
● Mehl oder Kakaopulver mit Bärlappsporen vermischen, trocken im Mund halten und schräg über Fackelflamme blasen (Staubexplosion!)

Regeln für Feuerfakire!

a) Sämtliches leicht entflammbares Material weit entfernen (PVC-Fußböden meiden, Decken-/Zelthöhe?)
b) Nur der Gruppenleiter hält Fackel/Reifen/Stäbe, nur er hat das Feuer und steckt die Fackeln . . . an.
c) Fackeln . . . vor dem Entzünden ausschlagen, bis kein Petroleum mehr tropft.
d) Möglichst draußen proben (Windrichtung!).
e) Im Bereich vor der Fackel hält sich niemand auf!
f) Akteure stehen diszipliniert in einer Reihe hinter dem Gruppenleiter. Sie sollten sich erst kurz vor der Aktion mit Mehl/Wasser präparieren.
g) Haare mit Wasser naß machen, mit nacktem Oberkörper üben!
h) Eimer mit Wasser und alte Decken zum Löschen bereithalten.

Ruhekissen – Nagelbrett (3)

a) gepolsterte Stützen
b) Nagelbrett
Hilfestellung: von vorne Akteur an den Händen halten und langsam herunterlassen!
● Hohlkreuzlage
● auch möglich: sitzen, übereinander liegen . . .
Übungen: Ohne Brett – Hohlkreuzliegen am Boden
mit Brett – mit dicker Oberbekleidung,

dann ohne, dann zu zweit, zu dritt . . .
üben (eine Nummer entwickeln!)

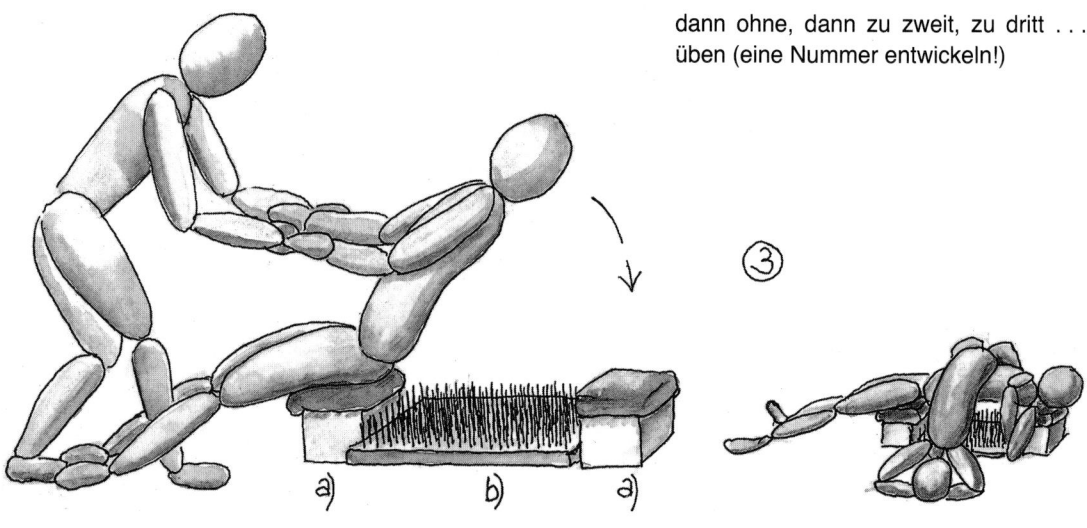

Scherbenfakire

Verlauf einer Nummer: 2–3 Flaschen vorzeigen, prüfen lassen; in einem Sack und einer Kiste zerschlagen; einen gleichen Sack mit bereits zerschlagenen und präparierten gleichartigen Scherben hervorholen; auf einem Tuch (Teppichstück) ausbreiten und: Scherbenlaufen und Scherbenliegen, barfuß und mit nacktem Oberkörper.

Schlangenbeschwörer!

Während der Fakir viel Bram-Borium macht, wird der Korb hereingetragen, unbemerkt eine schon vorher angebrachte Perlonschnur (Öse am Zeltdach) heruntergelassen und bei der Kontrolle (Ist die Schlange noch im Korb?) am Schlangennacken eingehängt. (Hinter dem Vorhang wird gezogen!)
- Schlange: Aneinandergenähte Strumpfhosenbeine, mit Watte gefüllt!
- Korb: Kleiner Wäschekorb!

Requisitenpräparation!

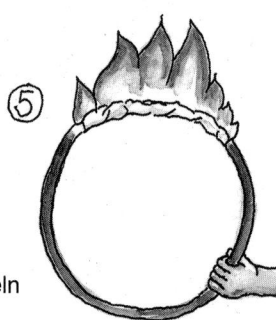

Fackeln/Reifen/Stäbe
- Mit Alufolie abisolieren,
- mit Mullbinden umwickeln (nicht zu dick),
- mit Draht befestigen.

Brennende Reifen:
- präparieren wie Fackeln
Achtung, gefährlich!
Nur mit älteren Kindern üben, nur im Sommer in Badekleidung (naß machen) und/oder im Hallenbad/Freibad üben!

52

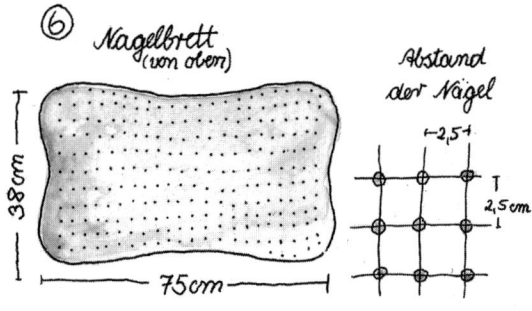

⑥ Nagelbrett (von oben)

Abstand der Nägel

38 cm

75 cm

2,5 cm

Nagelbrett
- 2 stabile Leimholzbretter aussägen (Form!),
- in Abständen von 2,5 cm Linien ziehen (s. Zeichnung), in eins der Bretter an den Schnittstellen Löcher (3 mm Durchmesser) bohren,

- Nägel (3 mm Durchmesser, 10 cm lang) einschlagen, versenken,
- das 2. Brett von unten anleimen;
- Nagelspitzen etwas abfeilen (bis auf einen äußeren Nagel für sog. Luftballonplatz-Tests),
- Nägel und Holz mit Sprühlack lackieren,
- zum Nagelbrett Polster bauen.

Scherben
Kräftige Flaschen, z. B. Sektflasche zerschlagen, Kopf- und Fußrandstücke aussortieren, in einem großen Topf stundenlang abkochen, immer wieder umrühren, scharfe Kanten werden dabei entfernt, danach ganz feine Scherben aussortieren, nach mehrmaligem Gebrauch Kochvorgang wiederholen.

Spiele – Übungen

Konzentration:
Im engen Kreis – die Zeigefinger beider Hände werden in Kopfhöhe senkrecht hochgehalten, sie stellen eine offene Schranke dar. Wenn die Schranken geschlossen werden müssen, wird ein entsprechendes Geräusch gemacht (Klingelingeling). Es wird eine Lokomotive durch ein Zuggeräusch und durch das Ansehen des Nachbarn reihum gegeben. Dabei schließt der Nachbar, wenn er den Zug näher kommen hört, zuerst seine Schranke, übernimmt den Zug, leitet ihn weiter und öffnet dann seine Schranke wieder.

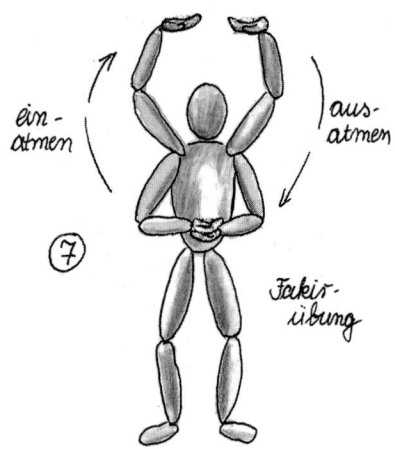

Meditation:
Glucksbauchliegen mit Meditationsmusik. Alle legen sich in einer warmen und gemütlichen Ecke so zusammen, daß immer jemand mit dem Kopf auf dem Bauch eines anderen zu liegen kommt – entspannen –, Bauchglucksen und Musik hören.

Bewegung:
Brücke erlösen! Ein oder mehrere Personen werden zum Fänger/in und müssen die anderen abschlagen. Wer berührt wurde, muß mit seinem Körper auf allen vieren zu einer Brücke erstarren. Wenn eine noch freie Person hindurchkriecht, ist die Brücke wieder erlöst.

Fakir – Vorübung (nach T'ai-chi): (7)
Fester, schulterbreiter Stand, Knie leicht eingeknickt, Hände in Nabelhöhe wie eine Schale halten, langsam tief einatmen und dabei die Hände langsam bis über den Kopf strecken, „Himmel halten", Hände sinken lassen, dabei ausatmen, wiederholen . . ., am Schluß: Arme hängen lassen, sich von ihnen zum Boden ziehen lassen, Rücken langsam beugen (Verbeugung!).

Literatur

W. Rydell, G. George: Zauberkunststücke. Heyne Verlag.

4. Kraftprotze und Muskelmenschen

Und nun, meine Damen und Herren – haben Sie keine Angst, wenn gleich gar fürchterlich aussehende Kraftprotze und Muskelfrauen in die Manege stampfen. Sie sind hier, um ihre in der Welt einmalige Kraft vorzuführen. Sie sind die gutmütigsten Wesen auf dem Erdenrund.
Manege frei für die gewaltige Schau der Kräfte!

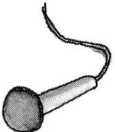

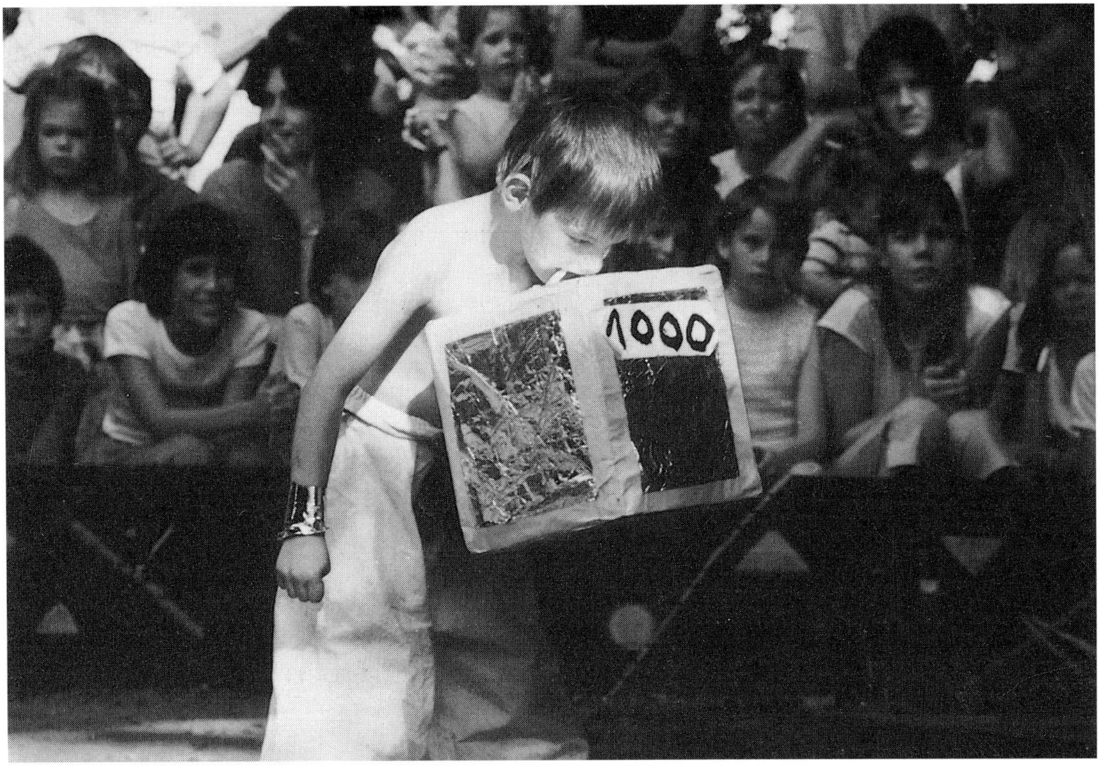

Seht mal her . . .!

Kraftmenschen, Kraftprotze, Muskelmänner und Muskelfrauen, die „stärksten Menschen der Welt", das waren einige von denen, die Außergewöhnliches beherrschten und vorzeigten. Sie kamen erst mit den kurzen Darbietungen der Zeltzirkusse in die Manege. Der Jahrmarkt war ihre eigentliche Bühne. Dort wurden sie als Herausforderer von Box- oder Ring-kämpfen, zum Kräftemessen angeboten (die Unbe-zwingbaren!), oder sie führten publikumswirksame Kraftakte vor: das Hochstemmen von Menschen auf Tischen und Stühlen, das Sprengen von Ketten, Verbiegen von Gittern . . .

Im Mittelalter traten sie zusammen mit den Ringern und Fechtern, mit den Tänzern und Feuerfressern oder „solchen, die Steine zerkauen konnten", auf. Auf einem Ankündigungsblatt des Kraftmenschen „Johann Carl von Eckenberg" (1718) verdeutlicht er anschaulich, was er kann: Zwei Pferde im Stand halten, von einem Gerüst aus eine Kanone samt Spielmann hochheben und dabei ein Blasinstrument spielen . . ., nur mit den Füßen und dem Kopf auf Stühlen liegend 6 Menschen oder einen Felsblock mit dem Körper tragen! (s. Hampe).

Im Kinderzirkus wird sie auch eine publikumswirk-same und lustige Show sein. Nicht das Gewichthe-ben als wirkliche Leistung, sondern das „So-tun-als-ob", die „Zur-Schau-Stellung", das Drumherum, die eindrucksvollen und interessanten Requisiten und Kraftideen stehen im Vordergrund. Kraftaktionen im Zirkus werden insofern nie bierernst genommen, aber das Schauspiel reißt das Publikum oft zu Beifallsstürmen hin und hinterläßt sichtbar stolze Kraftmenschen.

Hinweise

. . . zur Gruppenarbeit

● Hier finden sich oft Kinder zusammen, die gerne ihre Kräfte messen und viel Power haben, diesen Temperamenten zwar entgegenkommen, aber erstes Gebot bleibt „Fairneß"!
● Interessante Requisiten sammeln, bauen, deko-rieren, durch pantomimische Übungen Körper-ausdruck schulen, vorspielen, reflektieren.
● Aspekte von Nummern:
  – Solo oder Geschichte, z. B. Asterix und Obelix, Prinzessin Nervensäge heiratet nur den Stärk-sten . . .
  – Gewichtsklassen: Schwer-, Leicht-, Fliegen-gewicht!
  – Gewichtheben: Reißen – in einem Zuge mit Ausfallschritt
    Stoßen – vom Boden zuerst zur Schulter, schwungvoll hochstoßen
    Drücken – aus Schulterhöhe das Gewicht langsam hochdrücken
  – Kraftmenschcharaktere: Tolpatschig, Macho, dumm, schüchtern, nervös, empfindsam . . .
  – komische Einlagen

Programmnummern (Beispiele)

Gewichte – heben, stemmen, ziehen, tragen, weiter-reichen, mit Händen, Fingern, Zähnen, Haaren, Beinen, dem ganzen Körper . . .
Ketten – mit bloßen Händen, mit dem Körper zerreißen
Bretter/Ziegel – (bemalte Styroporplatten) durch Karateschlag teilen . . .
Bücher – bereits zersägtes Telefonbuch mit unver-sehrtem Deckel zerreißen

Tauziehen gegen das halbe Publikum:

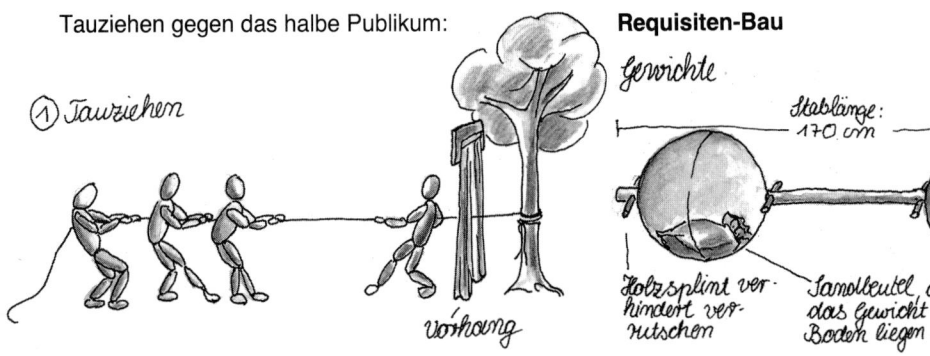

(1) Tauziehen

vorhang

Das Tau verläuft unbemerkt durch einen Ärmel und ein Loch in der Kraftmenschjacke zu einem Pfeiler oder vielen anderen Artisten hinter dem Vorhang.

Komische Nummern:

(2) fliegendes Gewicht

Das Gewicht will urplötzlich davonfliegen . . . (eine Hand hält und dreht das Gewicht an einer Seite hoch . . .), es muß wieder eingefangen werden, und der Kraftakt besteht im Herunterziehen, zum Boden drücken . . .
oder: Ein Jongleur balanciert schwere Gewichte auf einem kleinen Finger, ein schmächtiger Manegendiener klemmt sie sich locker unter den Arm . . .

Requisiten-Bau

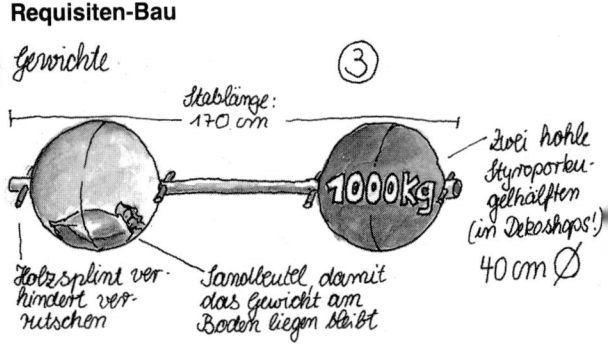

Gewichte (3)

Stablänge: 170 cm

1000 kg

Zwei hohle Styroporkugelhälften (im Dekoshops!) 40 cm Ø

Holzsplint verhindert verrutschen

Sandbeutel, damit das Gewicht am Boden liegen bleibt

Befestigung:
Loch in der Kugel mit eingeschlitztem Schaumstoff ausstopfen, -oder mit Gummiring versehen, Stab durchschieben!

Dekoration – Kugeln mit Papier umkleben, schwarz oder grau bemalen, Gewichtangabe drauf, lackieren – Holzstange silber lackieren

Gewichtebau aus Autoreifen, Bierkisten, Hocker, Pappkisten, Styroporblöcken, großen Blechdosen, Plastikeimern, Schaumstoffwürfeln . . . als Hanteln, Blöcke, Felsen auch möglich!

Ketten:
Mit Zwirnsfaden oder leicht zusammengedrehtem Draht bereits aufgetrennte Kettenteile wieder verbinden . . .

Stangen:
Gummi-, Gartenschlauch mit mehreren Bindedraht-Teilen füllen und zukleben

Wichtiges Vorspiel jedes Kraftaktes (!):
Vor dem eigentlichen Kraftakt müssen sich die Akteure die Hände mit Magnesia (Mehl) einreiben. Nur die Hände?

Maske – Schminke – Kostüm

Schminkgesichter,
beispielsweise Narben im Gesicht, wilde Frisur
(Pomade, Gel), Schnauz- oder Vollbart, Bartstoppeln
(Kajal), rote Wangen . . .

Kostüme,
beispielsweise Kettenhemd, grobmaschiges Shirt,
Ketten am nackten Oberkörper – Riemen und Gürtel,
Kraftshirts, Fell- oder Lederjacken ohne Ärmel, damit
die Muskeln sichtbar bleiben (!), weite Sport-, Pumphose, Stirnbänder, Arm-, Beinbänder, dicke Gürteltücher, barfuß,
– als Neandertaler, Obelix, Tarzan, Gewichtheber,
  Sportler
Tätowierungen und eingefetteten Körper . . .

Spiele – Übungen

Kennenlernen – Bewegen:
● „Wir haben Gewicht!" – Im Kreis stehend heben
alle gemeinsam und langsam ein imaginäres
riesiges Gewicht, das Gruppen-Gewicht (!) hoch,
bis alle Arme gestreckt sind. Plötzlich will es
fortschweben, und die ganze Gruppe wird mitge-
zogen . . .

● Zwei tragen einen Dritten zum gewünschten Platz,
indem sie Hände und Arme zusammen zu einer
„Schaukel" verschränken.
● Vier schaukeln einen Fünften in einer Decke
(Gewichte vergleichen).

Trainieren:
● Circle-Training
An einzelnen Stationen müssen u. a. lustige, aber
auch wirkliche gymnastische Aufgaben erfüllt werden: Liegestütz, Rumpfbeuge, auf der Stelle laufen,
Klappmesser, pantomimisches Gewichtheben, Mimik vor einem Spiegel, wirkliche Gewichte heben . . .

● Body-building-Show
Warm laufen, Glieder ausschütteln . . . und Muskeln
spielen lassen. Wer macht eine gute Show?

● Kraftmensch-Ausdrucksschulung (Standard)
Arme und Beine wechselseitig und gleichzeitig vor-
bewegen, schwerer Gang mit Bleifüßen, einge-
knickte Knie, Hände ballen, Drohgebärden, kraftver-
zehrte Gesichter im Kreis weiterreichen . . .

● Stimmtraining
Reale Gewichte hochheben und dabei Laute aussto-
ßen, Tarzanschreie üben,
Schreilauf – Zwei Gruppen stellen sich in 20 m
Entfernung gegenüber auf, laufen aufeinander zu,
machen dazu einen Ton, der immer lauter wird.

5. Clowns & Co

Liebe hochgeschätzten Gäste. Auf die nächste Gruppe haben Sie sicher schon lange gewartet. Jeden Moment stolpern sie herein, und ich garantiere Ihnen: Ihre Lachmuskeln werden aufs äußerste strapaziert werden. Und jetzt einen Anfangsapplaus für die Clowns!

Findstes' lustig?

Nicht alles, was als Witz gedacht ist, kommt auch so an . . . Oft ist es eher andersherum. Bei harmlosen Ereignissen wird das dann Situationskomik genannt. Ein nicht perfekt durchgeplanter Kinderzirkus lebt von diesen kleinen Momenten! Auch die Clownerie im Kinderzirkus.
Aber weshalb ist ein Clown komisch?

Ein Clown ist ein sogenannter „Alternativer", er macht alles anders als die „Normalen": Er übertreibt!? Wenn er sich freut, freut er sich riesig, wenn er weint, dann weint er jämmerlich . . . Seine Gebrauchsgegenstände sind entweder bombastisch groß oder winzig klein und – er benutzt sie zu ganz anderen Tätigkeiten. Wenn er sich die Zähne putzt, dann ganz bestimmt mit einer Klo-Bürste!

Clowns verstehen Aufforderungen, Fragen manchmal wortwörtlich genau, oder ganz, ganz schlecht, verwechseln ähnlich klingende Begriffe, sind schwerhörig. Dann verwechseln sie auch schon mal echte mit unechten Requisiten (Plastik-, echte Eier) oder manipulieren sie. Daran merkt man schon – Clowns sind gar nicht so dumm! Im Gegenteil!

Ein dummer August findet phantasievollere, verrücktere und fröhlichere Lösungen für Probleme und Anforderungen . . .

Zirkusclowns . . .

- sind die gute alte Seele des Zirkus, weil sie fast überall dabei sind:
- bei der Begrüßung der Gäste an der Kasse, als Platzanweiser . . .
- in der Umbauphase als Pausen-Überbrücker (z. B. als komische Contra-Person des Direktors): Pausenclown,
- als Parodist der vorangegangenen Nummer: Reprisenclown,
- als Zirkusattraktion mit eigener Aufführung: Entreeclown.

Hinweise

. . . zur Gruppenarbeit

Spiel und Spaß sollte in dieser Gruppe wichtiger sein als Perfektion. Kinder sollten ihre eigenen Ideen (Sketche . . .) spielen können und nicht vorgefertigte Stücke nachspielen. Witze erzählen hat mit Zirkus-

clownerie wenig zu tun! Besser ist es, mit dem ganzen Körper zu spielen und dabei Requisiten zu benutzen. Deshalb möglichst viele Requisiten bereithalten und bauen lassen.

Wenn eine Clownsgruppe groß ist, sollten Kleingruppen gebildet werden, die eine gemeinsame Idee ausspinnen und den anderen später vorspielen. Reflexion mit allen zusammen: War das lustig?

Einfache Tips geben zu:
- Was eine Clownsnummer ausmacht.
- Wie können Grund-Fertigkeiten (z. B. stolpern) erlernt werden?
- Was kann als Clownakrobatik benutzt werden von dem, was die Kinder schon können?
- Welche Ausdrucksübungen sollten gemacht werden.
- Wie stimmliche Einlagen (Sprachkomik, Erläuterungen) möglichst gering gehalten werden können.
- Was geprobt werden muß, z. B. das Auftreten mit der Clownsnase als wichtigstes Verwandlungsinstrument der Clowns.
aber: Raum lassen für Situationskomik!

Was eine Clownsnummer ausmacht!

- Anfänge absolut frei und phantasievoll,
- einfache klare Geschichte/Szenen, aber Überraschungen durch unerwartete Ereignisse,
- Spannungsaufbau durch Verzögerungen,
- große, ausladende Bewegungen,
- laute deutliche Stimme, durch Gestik verstärkt oder ersetzt,
- klarer Ausdruck von Freude, Ärger, Angst . . .,
- Spielen für und mit dem Publikum (auch im Zuschauerraum, sich nicht gegenseitig verdecken),
- klarer, eindeutiger Schluß und die Clownsrolle für das Publikum beenden.
- Abgang u. U. wieder phantasievoll, clownesk!

Maske – Schminke – Kostüm

Schminkkoffer

- Wasserschminke: rot, weiß, gelb, lila (umfüllen in kleinere Cremedosen oder Filmdosen).
- Kajalstifte (halbieren) und Anspitzen.
- Nivea-Creme, Pinsel, Schwämmchen, Wasserbehälter, Spiegel, Haushaltsrolle, Seife.

Schmink-Tips

a) Allgemeines

Wasserschminke läßt sich leicht aufmalen und kann aus Kleidung wieder ausgewaschen werden. Nivea vor dem Schminken auftragen bei empfindlicher Haut. Feine Schminkarbeiten mit einem Haarpinsel ausführen, sonst mit kurzstieligen, unterschiedlich dicken Borstenpinseln – Flächen mit Schwämmchen (können aus Schaumstoffstücken geschnitten werden). Gegenseitiges Schminken macht Spaß und ersetzt den Spiegel!

b) Clownsgesicht

- Regel 1: nicht zu bunt, denn es sollen Clowns und keine Papageien entstehen (2–3 Farben).
- Regel 2: An die Formen des Gesichts halten, keine kleinen Zeichnungen (wie vielleicht bei anderen Artisten), sondern Betonung/Veränderung von Mund, Augen, Wangen . . .

Vorsicht: Nicht zu nahe an den Augen schminken!

Phantasie und gute Beobachtung ist wichtig, um zu erkennen, wie jedes einzelne Gesicht mit seinen Eigenheiten geschminkt werden kann!

Clownsnase

① *Eierpappen Clownsnase*

z. B. aus Eierpappe ein Stück herausschneiden, vorher oder nachher knallig bemalen, dann große Nasenlöcher unten ausschneiden, dann Hutgummi durch Seitenlöcher (mit Lochverstärker) herumbinden – fertig!

- Gekaufte kleine Clownsnasen (1,50–2 DM) sind am haltbarsten!
- Die Clownsnase kann auch einfach nur auf die Kindernase aufgeschminkt werden!

Ein Clownskostüm

sollte so phantasievoll sein wie die Clownsrolle selbst. Nur der Harlekin oder Weißclown ist in seiner Kleidung relativ festgelegt. Ansonsten ist es wichtig, den eigenen Charakter zu betonen, stilvoll mit Farbtupfern, verrückt, extrem, verspielt . . . Zum Beispiel:

- auf dem Kopf: Perücke, Badekappe, Mütze, Hut oder: Blumentopf, Koch- oder Nachttopf . . .
- am Kragen: Kreppblumen, Manschetten, große/kleine Fliege, Krawatte . . .

- am Oberkörper: Kombinationen wie: Oben weit – unten eng, oben schick – unten ausgefranst . . . weite, enge, kurze, lange, möglichst extreme Hemden, Jacken, Pullover, Kleider jeder Art
- darunter: weite, kurze, halblange Hosen, Röcke, Strumpfhosen; Hosenträger (damit kann gespielt werden!) und Gürtel sind wichtig . . .
- an den Füßen: große Schuhe von Erwachsenen (mit eigenen Schuhen reinsteigen und ausstopfen), Holzschuhe, gestylt mit Schnickschnack und Farben . . .

Requisiten

Grundsätzlich kann alles mögliche aus Schaumstoff (z. B. Hammer), Überdimensionales aus Pappe (z. B. Riesenschere) oder unsichtbar Kleines aus . . . hergestellt werden.
Wichtig sind in diesem Zusammenhang Turnmatten zum Fallen-Üben!
Nützlich sind ungewöhnliche Kleidungsstücke (z. B. Ohrenschützer, Sturzhelm . . .), Paddel, Fahrradlenker, große Kisten mit Deckel (zum Verstecken, als Phantasiegefährt), Stühle, bunte Bälle, Töpfe, Koffer, Deckel und Gegenstände wie Hupe oder Blinker, oder . . .

Spiele – Übungen

Kennenlernen:

(s. Jongleure) im Kreis: „Ich schicke eine Geste zu demjenigen, von dem ich den Namen weiß/wissen möchte, und ich schicke einen Gesichtsausdruck, eine Grimasse . . .“

Üben und Spielen:
- Ein Teil der Gruppe hat die Aufgabe, den anderen Teil als Schaufensterpuppe in einem verrückten Kaufhaus-Schaufenster auszustellen . . .
- Ein Kind macht typische Bewegungen, typische Mimik am Badezimmerspiegel (z. B. morgens). Das wird vor einem Gegenüber oder der restlichen Gruppe gespielt und es muß entweder genau imitiert oder das Gegenteil gemacht werden. In einem Spiegelsaal flanieren alle mal hier, mal da hin, die durch einen Vorspieler gemachten Bewegungen/Haltungen spiegeln sie wider.

Trainieren
heißt erstens: die Kinder sich selbst spielen lassen, ihre Eigenheiten herausfinden und verstärken helfen und nur das benutzen, was ihnen Spaß macht. D. h. vor allem im Spielen auf bestimmte Aspekte hinweisen und Übungen dazufügen.
Beispiele:
- Laut und deutlich sprechen mit Lakritze im Mund oder Finger im Mundwinkel
- Bewegungen deutlich übertreiben
- Im Kreis gehend nach verschiedenen Bildern unterschiedliche „Gangarten“ proben
- Stimmungen/Haltungen in eingefrorenem Zustand verstärken

. . . heißt zweitens: Clowns-Standards erlernen:
- Stolpern – mit einem Fuß an der Ferse des anderen hängen bleiben, sich aber wieder auffangen.
- Ohrfeige geben – ein Kind holt aus und schlägt pantomimisch, in dem Moment klatscht das „geschlagene“ Kind in die Hände und hält sich danach die Wange.
- Hinfallen – mit Abstützen, ganz langsam, auf den Po und mit Turnmatte üben.

- Kontakten – alle Clowns stehen mit dem Rücken zueinander (in der zunächst noch imaginären Manege) und gehen auf das Publikum zu (. . .), um es herzlich zu begrüßen. Auf ein vorher ausgemachtes Zeichen hin wendet sich jeder spontan um und begrüßt den Clown, den er zuerst gesehen hat.
- Zutreten
  - auf den Fuß des Partners: Ein Clown tritt deutlich sichtbar einem anderen auf den Fuß. Der erste Clown kommt dabei nur auf seiner Ferse auf (üben!) oder tritt knapp daneben. Der getretene Clown hat den Fuß etwas vorgestellt.
  - in den Po des Partners: Ein Clown tritt deutlich einem anderen, der sich vornüber gebeugt hat, um etwas aufzuheben, von der Seite in den Po. Er trifft dabei nur mit dem ganzen Spann des Fußes eine weiche Pobacke des Partners. Dieser springt augenblicklich auf und reibt sich die getroffene Stelle. Es tut aber nicht wirklich weh!
- Zutrauen – die Sachen endlich mal machen, die man sich im Alltag nicht zutraut, z. B. Eier zerschlagen und dergleichen.
- Akrobatische Übungen sollten nur das beinhalten, was die Kinder eh schon können (z. B. Kopfstand, Flugrolle etc.).

Literatur

AOL (Hrsg.): Clownscapriolen, in: Schulspaß und Schulspiele. Rowohlt TB. Reinbek.

A. Saggau: Artistische Ereignisse, in: sportpädagogik. Bewegungskünste. 3/87.

P. Keysell: Pantomime mit Kindern. Otto Maier Verlag. Ravensburg.

K. Hocke u. a.: Die großen Clowns. Über Clowns-Persönlichkeiten und ihr Leben. Athenäum Verlag.

E. Ditt: Clowns. Alltägliches und weniger Alltägliches über Clowns. Markus Verlag.

A. Rothstein: Wir spielen Clown. Ein Zirkus-Spiel-Buch. Otto Maier Verlag. 1983.

A. Rothstein: Du wollen Clown spielen? Jugend und Volk Verlag. München 1979.

von Waechter: Schule mit Clowns. Verlag der Autoren.

P. Eper: Die Clowns, in: Menschen, Tiere, Wanderzirkus. Piper. 1953.

Theatre du Fil d'Ariane (Hrsg.): Schminken für Feste. paradis-circus Verlag.

Für Einsteiger in Sachen Schminken:
A. Serger: Masken bilden und Schminken. Theater-spiel. Bd. 5. Meyer und Meyer Verlag.

6. Die Jongleure

Hochverehrtes Publikum, jetzt werden wir Sie verzaubern, denn eine exotisch anmutende Attraktion wartet auf Sie. Gestern gastierten sie noch im Pekinger Nationalzirkus, aber heute sind sie hier in . . . Vorhang auf für die Jongleure!

„Jonglieren"

Jonglieren im heute verstandenen Sinne ist ziemlich neu. Im Mittelalter bezeichnete der Begriff noch die „Spielleute" (franz. jongleurs), im weiten Sinne also die „Fahrenden Leute", und insbesondere diejenigen, die zur Unterhaltung beitrugen: Gaukler, Musikanten, Bärenführer, Quacksalber, Fechter.
„Ein Mensch, der den Gauklern anhanget, überkommt gar bald eine Frauen, deren Namen sein wird: Armut. Wie aber heißen dieser Frauen Sohn? Führwahr: Verspottung", (s. Hampe) sagte Nicolas von Wyle im 15. Jh. Nicht nur die „Joner" (betrügerische Spieler, Jongleure) müssen Armut, Rechtlosigkeit und Mißachtung ertragen und deshalb sich und ihr Spiel für Geld verkaufen und auch betteln und gaunern gehen. Aufgrund schlechter ökonomischer Verhältnisse entsteht eine Unzahl von „Fahrenden Überlebenskünstlern".
Von einem Jongleur im engeren Sinne erfährt man auf einem Flugblatt des Jahres 1761. Dort kündigt sich ein Akrobat und *„,mathematischer Kunst-Meister', d. h. Jongleur . . . an. Er präsentiert sich nämlich in türkischer Kleidung und balanciert eine Maschine mit vielen Gläsern auf der Nase einige Minuten, verdreht den ganzen Leib, kniet auf dem Boden, stehet wieder auf . . . ohne im mindesten die Balance zu verlieren, . . ."* (s. Hampe).

In der Antike gab es schon „Fangkünstler". Aber erst um 1880 kann die eigentliche Wiedergeburt des Jonglierens als selbständiges Genre, als Zirkuskunst angesiedelt werden. Denn seitdem gab es die Jongleur-Äquilibristen (eine Verbindung von Jonglieren und akrobatischen Übungen), die Kraftjongleure (arbeiten mit schweren Stangen, Kugeln, Gewichten) und Salonjongleure, die als sog. bürgerliche Unterhaltungskünstler mit Zylindern, Spazierstock, Zigarren etc. jonglierten. Aus diesem Jonglierzweig entwickelte im ersten Drittel des 20. Jh. der berühmt gewordene italienische Artist Enrico Rastelli die heute bekannte Klassische Jonglierkunst mit Bällen, Ringen, Stangen und Keulen.

Hinweise

. . . zur Gruppenarbeit

Vorweg: Jonglieren ist in der Arbeit mit Kindern nur bedingt anwendbar. Je nach Alter und Vorerfahrung sind oft nur ganz einfache Techniken erlernbar. Wenn die Gruppenarbeit aber attraktiv gestaltet wird, kann sie wie eine Jonglierinfektion zum Weitermachen anregen!
Im Kinderzirkus wird das Jonglieren durch allerlei Balanceakte erweitert, die von Kindern leichter ausgeführt werden können.

Beachten:
- Einen ruhigen Übungsraum suchen, der hoch genug ist.
- Konzentration ermöglichen und immer wieder deutlich machen, daß Ausdauer wichtig ist.

- Trotzdem den Kindern überlassen, wann sie Pausen, Übungswechsel machen wollen (Lerntempo, -ziele selbst bestimmen lassen).
- Nach einer Phase des Ausprobierens bedarf das Jonglierenlernen klarer Anleitungen und aufbauender Übungsfolgen.
- Aber insbesondere beim Balancieren experimentieren und Nummern ausdenken lassen.
- Gleichlaufende, ruhige Musik erleichtert das Üben.

. . . zum Auftritt

- Musik aus der Konserve, instrumental (z. B. Pat Metheney) oder „Klassisches" auf der Gitarre, am Klavier hat sich bewährt.
- Das Licht sollte gedämpft, Akteure von Spots angeleuchtet sein (Achtung – nicht blenden!), bei Kerzenbalancenummern keine Beleuchtung.
- Es sollten möglichst nur Akteure und Assistenten, nicht die ganze Gruppe in der Manege sein (nimmt Aufmerksamkeit weg!).
- Effektvoll sind langsam aufgebaute Kombinationen von Balancieren und Jonglieren, bis hin zum Formationsjonglieren in bestimmter Anordnung, etwa mit 5 Kindern.
- Das Nummernprogramm erhält einen besonderen Reiz, wenn es flüssig durchgespielt wird, Einzelnummern nicht zu lang sind. Der Gruppenleiter sollte das Ende bestimmen.
- Das Finale kann in einer Gruppenjonglerie noch mal alle Jonglierkünstler präsentieren.

Nummern: Drei-Tücher-Jonglerie (. . . in die Höhe jonglieren!)

In der linken Hand wird ein Tuch, in der rechten werden zwei Tücher mit den Fingerspitzen gehalten. Zuerst wird eins der Tücher aus der Rechten nach links oben geworfen.
Sobald dieses Tuch wieder herabsinkt, wird das in der Linken nach rechts oben geworfen und das sinkende Tuch mit dieser Hand aufgefangen.
Sinkt dann das von links geworfene Tuch herab, wird das zweite Tuch aus der rechten Hand nach links oben geworfen usw.!

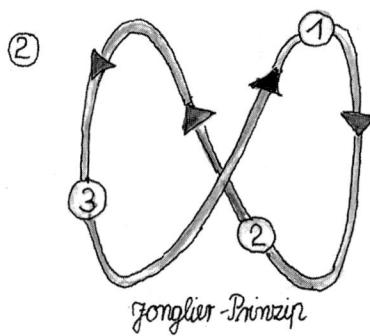

Jonglier-Prinzip

Dieses Grundmuster gilt auch für das Drei-Ball-Jonglieren, natürlich mit einer etwas veränderten Handhaltung.
Tücher abnehmen:
Ein Kind jongliert mit drei Tüchern, ein zweites steht ihm frontal gegenüber, nimmt ihm nach und nach im Jonglierrhythmus die Tücher ab und jongliert damit weiter, dann umgekehrt usw.

Chinesischer Drehteller

Den Stock am inneren Rand ansetzen und durch Drehbewegung aus dem Handgelenk, den Teller

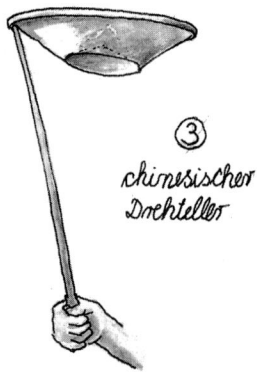

③
chinesischer Drehteller

locker „eiern" lassen. Wenn der Teller sich schnell und horizontal dreht, ihn leicht hochstoßen oder aufhören zu drehen und ihn in der Mitte kreisen lassen.

Tricks:
- Sich den rotierenden Teller gegenseitig abnehmen,
- den Teller auf den Zeigefinger nehmen,
- ihn um Arme und Beine und den Körper herumreichen/drehen,
- den Stab mit dem rotierenden Teller auf der Fingerspitze balancieren,
- den Teller auf einem Helm mit Spitze drehen lassen,
- ihn sich gegenseitig zuwerfen,
- um zu demonstrieren, daß sich der Teller wirklich dreht, kann ein Tischtennisball hineingelegt werden.

Andere Balanceakte

Beachten:
- Der Schwerpunkt eines Gegenstandes liegt dort, wo er am meisten Gewicht hat.
- Der Schwerpunkt eines balancierten Gegenstandes sollte möglichst weit oben sein – das Gewicht drückt nach unten und gibt dem Gegenstand Ruhe.

- Je länger, je dicker, je schwerer er ist, um so leichter ist das Balancieren.
- Immer die Spitze, den höchsten Punkt des Gegenstandes beobachten.
- Sich immer dem balancierten Gegenstand beweglich anpassen, Gegenbewegungen machen, den Stab (...) führen lassen. (Kann zu einer clownesken Nummer verarbeitet werden!)
- Keine zerbrechlichen, verletzungsgefährlichen Sachen wie Porzellan, Glas, Metall balancieren.

Balancieren
kann man theoretisch alles, geeignet sind: Holzstangen, Hartplastik-Teller, Keulen, Toilettenstopfer, schwere Gummibälle ...

Tischtennisball auf Stab (Balanciernummer)

Auf einen langen Holzstab wird ein durchsichtiger Silk-Faden gespannt und an den Enden befestigt. Wenn die Holzstange waagerecht gehalten wird, muß mit Hilfe des Daumens rechts und links eine daumenbreite Lücke zwischen Stab und Faden entstehen, auf der dann der Ball gehalten und gerollt werden kann.

Tennisball auf Stab

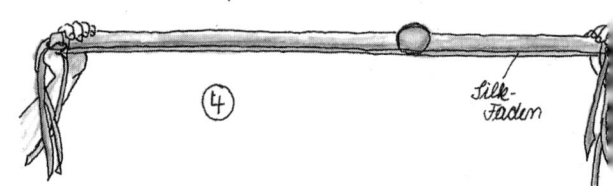

④   *Silk-Faden*

Kerzenbalance

Ein Stab wird an seinen Enden mit kleinen Holzplattformen präpariert und so auf den Hut eines Jongleurs gelegt, daß er gut ausbalanciert ist. Auf den Plattfor-

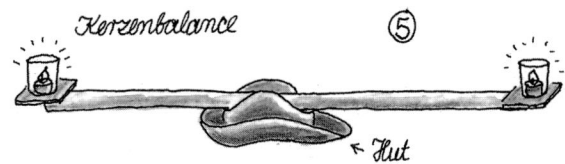

Kerzenbalance ⑤

← Hut

men kann vielerlei Platz finden, z. B. Kerzen (bunte Friedhofsbecher mit Teelichten), Wasserbecher mit gefärbtem Wasser . . .
Mit diesem Element können weitere Balance- und Jonglierelemente verbunden werden!
Ein Tip für Notfälle: Doppelseitiges Klebeband kann manches Mal, besonders beim Auftritt, gute Dienste leisten!

Maske – Schminke – Kostüm

Schminken
– elegant, dezent oder clownesk für einen Jonglierclown.

Kostümieren
– elegant, lässig, bequem, z. B.: Hemden mit Puffärmeln, Pumphosen (s. Akrobaten), Turnschuhe, Stirn-, Armbänder, Schärpen und Gürteltücher – Stil: Punktemuster, Glitzerstreifen . . . oder aber clownesk!

Bolero:

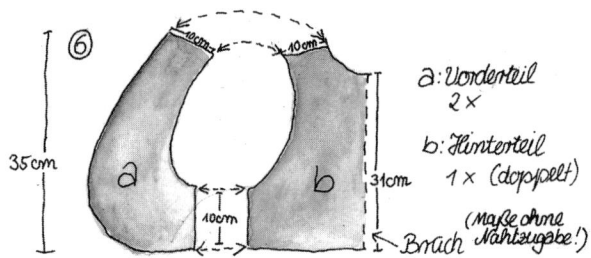

⑥

35 cm

10 cm   10 cm

a: Vorderteil
2 ×

b: Hinterteil
31 cm   1 × (doppelt)

10 cm

↳ Bruch   (Maße ohne Nahtzugabe!)

Fliege:
Stoff auf Hälfte falten, zwei Seiten zusammennähen, auf rechts ziehen, dritte Seite zunähen, in der Mitte raffen und mit Gummiband zusammennähen.

⑦

Gummiband

Requisiten

● zum Jonglieren: Chiffontücher, Jonglierbälle aus Reis in Strumpfsäckchen, Tennisbälle – durch eine Spritze mit Wasser gefüllt, Gummibälle, Toilettenstopfer, Plastikeier . . .
● zum Balancieren: chinesische Drehteller, Stäbe, Kerzen, Plastikbecher, -teller, kleine Stühle, Reifen, Schirme, Besen . . .

Spiele – Übungen

Kennenlernen:
Ball- und Name-Spiel – im Kreis einen Ball zuwerfen, um Namen, Gewohnheiten . . . vom Fänger zu erhalten – ausbauen!

Bewegen:
Wettlauf, Balancierlauf über einen Hindernisparcours mit verschiedenem Material: Löffel mit Ei im Mund, Plastikteller und Bücher auf dem Kopf etc.

Konzentrieren:
Handkreis am Boden – alle knien in einem engen Kreis und verschränken die Arme so, daß der rechte Arm über den linken des Nachbarn kommt und die

Hände flach auf dem Boden liegen. In eine Richtung wird ein Klopfzeichen in der Reihenfolge der liegenden Hände weitergegeben. Wenn jemand zweimal klopft, ändert sich die Richtung. Wer mit einer Hand falsch oder nicht schnell genug reagiert, nimmt diese aus dem Kreis. So werden es nach und nach immer weniger Hände . . .

Üben:

Vorübung zum Tuch-Jonglieren
Sie kann auch mit Bällen zur Vorbereitung auf Drei-Ball-Jonglieren durchgeführt werden!

- Tuch in die Luft werfen, Flugeigenschaften, den Wind beachten, Fangen und Anfassen ausprobieren.
- Im Kreis ein Tuch von einem zum anderen weiterwerfen, so daß in der Wurfrichtung mit der jeweils anderen Hand gefangen werden kann.
- In jeder Hand ein Tuch rhythmisch auf- und abschwingen, das im gemeinsamen Rhythmus versuchen.
- Tücher im Wechsel werfen und fangen.

Literatur

J. Pütz: Der Jonglierstab, in: Das Hobbythek-Buch 10. vgs.
P. Pensky: Jonglieren. Packpapier-Verlag. 48 S. 2,50 DM (Postfach 1641, 4500 Osnabrück).
Die Grüne Kraft: Jonglieren leicht gemacht. Werner Pieper Verlag (Alte Schmiede, 6941 Löhrbach/Odenwald). 116 S. 7,50 DM.
Ch. Rehm: Jonglieren – ein Übungsweg. Urachhaus Verlag.
M. Hitzeler u. a.: Jonglieren – Spiel mit der Schwerkraft. edition aragon.
N. E. Baumann: Die Kunst des Jonglierens. Zentralhaus für Kulturarbeit. DDR/Leipzig.
A. Saggau u. a.: Der Devil-stick, das Einrad, Jonglieren lernen, in: sportpädagogik. 3/87.
L. Mertens u. a.: Praxishilfen: Akrobatik, Jonglieren, Clownerie. Werkstatt für Medienarbeit und Freizeitpädagogik, Gottorpstr. 15, 2900 Oldenburg.
Jonglierbedarf selbermachen oder kaufen (s. Adressenteil).

---

7. Die Positurmeister / Akrobaten

Hochverehrtes Publikum, liebe Gäste – wie einen Paukenschlag und doch mit eleganter „Tönung" werden Sie die nächste Gruppe erleben. Ein weiterer Höhepunkt in unserem Programm!
Vorhang auf für die Akrobaten!

Akrobatisch?

Akrobatik wird heute aus vielen Gründen als die „vergessene Darstellungs- und Bewegungsform"

wiederentdeckt, zum Beispiel im Schulsport.
Aber was ist eigentlich akrobatisch?
Akrobatik ist die artistische Bewegungskunst der Zirkusleute schlechthin und sie zeigt insbesondere Geschicklichkeits- und Gelenkigkeitsformen des Körpers, aber auch Kraft- und Schnellkraftkunststücke. In der Regel geht es nicht um Sportlichkeit im engeren Sinne.
Es gibt Akrobatik auf Geräten (Äquilibristik), Pyramidenbauer, Schlangenmenschen, lustige Szenen (Clownsakrobatik), Kunststücke auf und an Seilen

Gaukler. Holzschnitt aus: Petrarca, Trostspiegel. Augsburg, Steyner, 1539

und Schaukeln (Luft- und Seilakrobatik), besondere Leistungen auf Bodenmatten (Bodenakrobatik). Durch den Eindruck von „unbekümmerter Selbstverständlichkeit" werden die Übungen zu einer besonderen Zirkusnummer gemacht.

Bevor die Akrobatik in den Zirkus kam, entwickelte sie sich bei den Sängern und Komödianten. Sie wollten ihre Aufführungen durch besondere körperliche Leistungen attraktiver gestalten. Im Zirkus konnten sie anfangs auf Pferden bewundert werden, später als Japanische Luft- und Seilakrobaten. Einen starken Einfluß übten die Arbeitersportvereine (Mitte des 19. Jh.) auf die Zirkusakrobatik aus. Sie brachten Fahrradartistik, Trapezfliegerei u. ä. in die Manege. Daraus entwickelten sich weitere akrobatische Vorführungen, etwa auf Motorrädern oder mit Wippschleudern, von denen sich Artisten auf eine vier

Meter hohe Pyramide aus Akrobaten schießen ließen . . .

Im Kinderzirkus geht es natürlich nicht so hoch her. Vielmehr sollte hier auf das natürliche Bewegungsrepertoire von Kindern aufgebaut werden. Daraus ergeben sich schnell interessante Nummern von Bodenakrobaten, Schlangenmenschen und Pyramidenbauern – an Schaukeln, Ringen, auf Matten, Kästen, am Barren, vom Mini-Trampolin.

Hinweise

. . . zur Gruppenarbeit

● Gute Übungsplätze sind große Wiesenflächen, Turnhallen, die Manege.

- Zu Beginn ist das Kennenlernen der Geräte, der sportlichen Fähigkeiten der Kinder wichtig.
- Immer auf Turnmatten mit guter Hilfestellung üben!
- Die unterschiedlichen sportlichen Fähigkeiten der Kinder sind gleich wichtig (stämmige Kinder werden z. B. dringend beim Pyramidenbau gebraucht), Fähigkeiten aus dem Schulturnen sollten nicht als Maßstab gelten!
- Verletzungsgefahr durch wiederholte Hinweise auf Ruhe und Konzentration vermindern, die Kinder werden leicht übermütig, denn hier lernt es sich leichter (!). Nie schwierige Teile zu lange proben, zwischendurch ablenkende Spiele und viele Pausen machen!
- Kinder an Organisation und Aufbau der Matten und Geräte, insbesondere beim Helfen und Sichern beteiligen (Mitverantwortung) und die Übungszeit als Trainings- und Arbeitszeit ernst nehmen.
- Aus Sicherheitsgründen ist bei Übungen und Vorführungen die genaue Einhaltung von Reihenfolgen und Aktionsplätzen wichtig, diese kann man sich nach bestimmten Vorführungselementen einprägen (Disziplin!).
- Wichtigste Betreuerfunktion ist die Unterstützung der Kinder darin, sich etwas zuzutrauen.

. . . zum Auftritt

- Gegen Verletzungsgefahr Sicherung (z. B. am Manegenrand) durch zusätzliche Helfer vornehmen.
- Der Betreuer sollte ein ruhender Pol sein.
- Ohne Kinder für schnellen Auf- und Umbau sorgen.
- Musikalische Untermalung durch fetzige, rhythmische Instrumentalmusik (Tempowechsel) – schon beim Einlaufen – ist wirkungsvoll.
- Nach jeder Übung sollte sich der Akteur aufrichten

und kurz Kontakt mit dem Publikum haben („Hier bin ich!").
- Gut präsentiert sehen auch die einfachsten Elemente wirkungsvoll aus (üben!).
- Kurze, knappe Kommandos (Hep! allez-hop!) können die Kinder sich gegenseitig selbst geben.
- Flüssige Übergänge zwischen einzelnen Nummern schaffen und
- einen passenden Abschluß, bei dem alle sich noch einmal zeigen können, weil jeder beteiligt ist (z. B. Kaiser-Pyramide!).

Akrobatische Künste

. . . lassen sich mit den Kindern, ihren Fähigkeiten, Wünschen und Ideen zusammen jedesmal neu und leicht entwickeln.

Trotzdem sind hier ein paar Anregungen:

a) Bodenakrobatik auf Turnmatten beinhalten Sprünge, Rollen, Saltos, Räder, besondere Bewegungsformen . . . und Phantasie, z. B.:

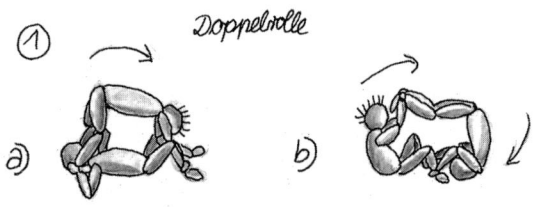

Doppelrolle

Doppelrolle
Fußgelenke umklammern, Füße des „Untermenschen" aufsetzen, abspringen, Kopf zwischen die Füße des Untermenschen (Rollen); Variationen: rückwärts, Dreierrolle

Schlangenrolle
Hände zwischen den Beinen zum Vorder- und

②

Schlangenrolle

Hintermenschen führen, vorwärts gehen, abrollen; beliebig vergrößern, auch rückwärts!

Rollen flechten
Zu dritt, nah am Boden: Abwechselnd überspringen die jeweils äußeren den jeweils mittleren Mitspieler, der sich dabei flach am Boden und seitlich abrollt. Beim Springen mit den Händen am Boden abstützen.

③ „Rollenflechten"

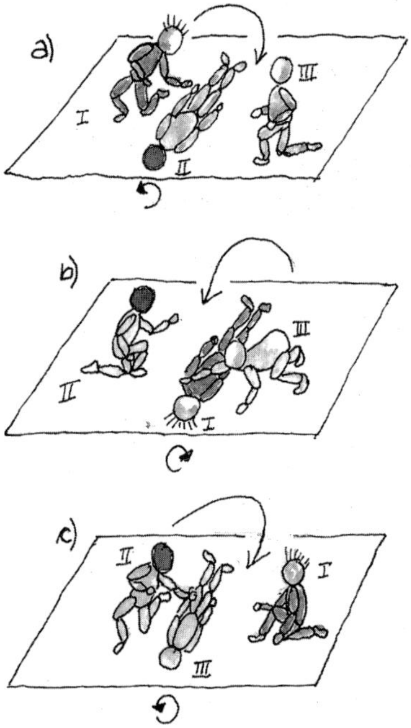

a)

b)

c)

b) Luftakrobatik könnten die vielen Sprünge und Figuren heißen, die von einem Mini-Trampolin auf eine Hochsprungmatte gestartet werden . . .

c) Figuren- und Pyramidenbau
Auch hier ist Phantasie und Ausprobieren gefragt! Beispiele:

Figuren

Kamikaze Flieger

④

Freiheits- statue

akrobatische Denkehaltung

Oströmi- sche Gallions- figur

Begrüßung

Bic mac

Spinne

ostfriesischer Hochstand

Etagenbett

Lastenkran -Hochbau-

Sternen- gucker

71

Tip: Mit einigen Gruppenleitern selber ausprobieren.
Fotos machen und den Kindern als Anregung
zeigen.

Pyramiden

Hot - dog

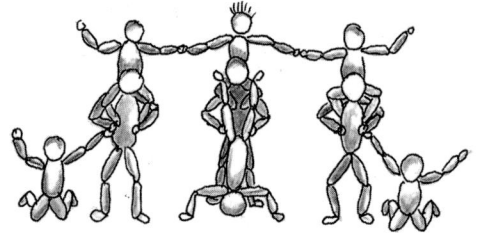
⑤ Pyramiden

Große Heinrichspyramide

Norddeutsche Flachpyramide

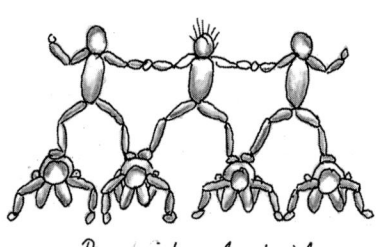
Pyramiden - Sandwich

Königspyramide

Requisiten

sind in der Akrobatikgruppe nicht so zahlreich:
Sportgeräte, -matten, ca. 6 Turnmatten, 1–2 Hoch-
sprungmatten, Mini-Trampolin (Selbstbau, s. Lit.),
Turnkästen – über das Schulamt leihen (!). Mehrere
Polster, Stäbe, Reifen. Geschlossene Reifen mit
Makulatur- oder Kreppapier zukleben.

Maske – Schminke – Kostüm

Schminken: eher spärlich, entweder Betonung von
Eleganz oder Sportlichkeit oder Kraft . . .
Kostümieren: gemeinsame trikotähnliche Kleidung,
s. Pumphosen, in gleicher Farbe, Gymnastikschuhe
oder barfuß (dicke Turnschuhe sind zu grob), niemals
Socken!

Pumphose:

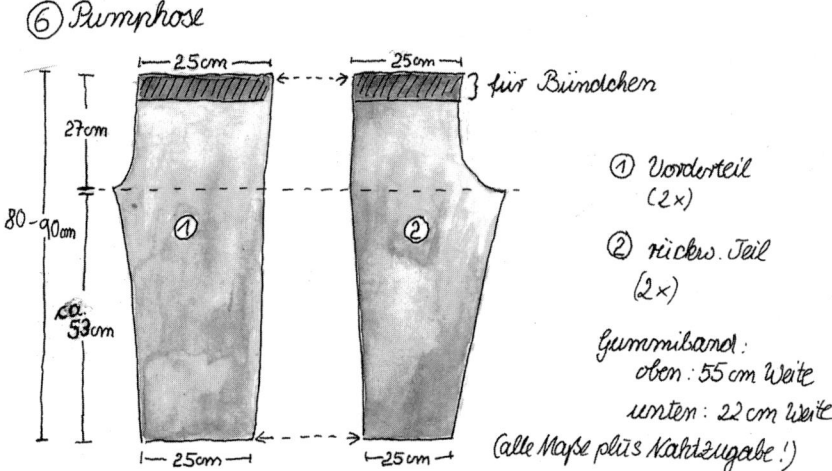

⑥ Pumphose

25 cm ⟵ ⟶ 25 cm
27 cm
80-90 cm
ca. 53 cm
25 cm ⟵ ⟶ 25 cm

3 für Bündchen

① Vorderteil (2x)

② rückw. Teil (2x)

Gummiband:
oben: 55 cm Weite
unten: 22 cm Weite
(alle Maße plus Nahtzugabe!)

Spiele – Übungen

Bewegen

- „Wenn die Musik aussetzt" – zu zweit, dritt, viert . . . zusammenfinden und Po an Po weiterlaufen . . ., soviel freien Raum wie möglich finden, oder alle auf einen Punkt stellen/setzen/legen, oder alle Rücken, Bäuche, Hände, Füße . . . aneinanderbringen usw.
- „Der Riesen-Farbtopf" – alle steigen in einen imaginären Farbtopf und müssen anschließend die Farbe mit ihrem ganzen Körper im Raum verteilen, ohne daß ein Fleckchen frei bleibt . . ., es können auch verschiedene Farben oder Farbtöpfe sein,
  die Farbe soll nur mit dem Po, Bauch, Rücken . . . verteilt werden!

Übungen

- Lockerungsübungen – Lockerung der Gelenke, Ausschütteln der Glieder . . . immer wieder wiederholen.
- Jedes Kind macht anfangs etwas vor, dadurch steht es einmal im Mittelpunkt, erste Ideen entstehen, und der Betreuer bekommt einen Eindruck über sportliche Fähigkeiten.
- Spannungsübungen – Anspannen und Entspannen des Körpers.
- Gleichgewichtsübungen – Gewichtsverlagerung, Pendeln, Balance-Übungen.
- Nach und nach akrobatische Übungen einfügen, mit leichtem Anfang.

Fortführung des Pyramidenbaus durch Aufgaben:
Bau von Autos, Segel-, Raumschiffen, Maschinen, Gebäuden, Gebirgszügen . . . mit den Körpern!
Achtung: die leichten Menschen oben, Schwergewichtigere unten, miteinander behutsam umgehen, nicht auf die Wirbelsäule des „Untermenschen" stützen!

Hilfestellungen

Beispiele:
a) Stabilisierungshilfe – mit den Händen die Beine ergreifen und fixieren.
b) Zughilfe – der Zug durch den Helfer ergänzt, unterstützt und sichert die Richtung, Geschwindigkeit, Kraft, den Zeitpunkt angestrebter Bewegung, hin zum Helfer (kein Drehen!).
c) Schubhilfe – der Ansatzpunkt der Helfer (Schub) liegt hinter dem Körperschwerpunkt (KSP) in angestrebter Bewegungsrichtung, Hände fassen in der Nähe des KSP, Rücken oder Bauch oder Schulter – weg vom Helfer (kein Drehen!).
d) Drehhilfe – Unterstützung, Beschleunigung der Drehbewegung, der Ansatzpunkt liegt außerhalb der Drehachse, Oberschenkel, Oberkörper (kein Schieben!).

Drehgriff vorwärts – mit beiden Händen am Oberarm, die Helfer stehen sich gegenüber, der Übende ist dazwischen, z. B. beim Salto vorwärts.

Weitere Griffhilfen siehe Seiltanz/Hohe Kunst.

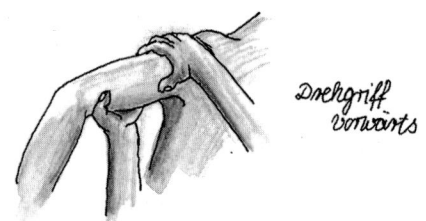

Literatur

E. Jost (Hrsg.): Spielanregungen – Bewegungsspiele. rororo Sachbuch
E. J. Kiphard: Die Akrobatik und ihr Training. Ruhrländische Verlagsgesellschaft (für Profis)
R. Driescher: Akrobatische Attraktionen, in: Freizeitsport mit Jugendlichen. Brinkmann, Spiegel (Hrsg.). rororo Sachbuch
L. Mertens: vgl. Lit.angabe Jonglieren
A. Heller (Hrsg.): Begnadete Körper. Großmeister der Akrobatenschulen von Anhui und Peking. Franz Greno Verlag (ausleihen für Anregungen)
Anleitung zum Selbstbau eines Mini-Trampolins (Schlauchtramp) in: K. Miedzinski: Die Bewegungsbaustelle. Dortmund 1983

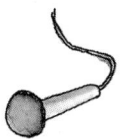

Aus unserem Zirkus von Artisten und Sensationen sind natürlich die Tiere nicht wegzudenken. Wir präsentieren Ihnen: elegante Kunstreiterei, furchterregende Ungeheuer, tanzende Zirkustiere, fauchende Raubkatzen . . .
Gitter herablassen und Manege frei machen für unsere Tiershow!

Tiere im Zirkus?

Stellt euch einen Zirkus ohne Tiere vor!?
Unmöglich!
Wo bleibt das unruhige Scharren der Pferde in den Zelten, der Kamele und Dromedare draußen am Pflock? Wo bleibt der beißende Geruch aus den Käfigwagen und Ställen, das entfernte Brüllen von Löwen und Tigern? Wo ist der dampfende Mist am Rand der Zeltstadt, wo sind die Bären und Elefanten, die mit dem Zirkus durch die Stadt ziehen?
Keine Besichtigungen der Manegerien, keine Tiershows in der Manege mehr?
Keine Seelöwen, die Bälle auf ihrer Schnauze drehen, keine Reitdressuren, Bärentänze, Hundeakrobatik? Auch keine Panther, die über Tiger hechten, keine Löwen, die fauchend mit der Pranke nach der Dressurstange des Dompteurs schlagen? Keine Giraffen-, keine Papageien-, keine Schlangendressur? Unmöglich!
Tiere machen erst den vollen sinnlichen Reiz eines Zirkus aus. Wenn wir sie im Kinderzirkus nicht „in echt" bieten können, so doch in unserer Phantasie. Oft sind nur wenige kreative Veränderungen durch Masken, Schminke und Kostüm nötig, und Kinder „verwandeln" sich augenblicklich in tanzende Pinguine und gefährliche Drachen . . .

Hinweise

. . . zur Gruppenarbeit

Einstieg

- Tiergeschichten erzählen und erfinden dient als Anregung und auch der Erfahrung, wie sich Szenen entwickeln;
- Tierspiele spielen;
- gemeinsam überlegen, wie Tiere in einem Zirkus leben;
- jedes Kind sollte sich das Tier aussuchen können, welches es gerne spielen möchte.

Fortführung

- Tierbewegungen der einzelnen Tiere pantomimisch nachahmen (ohne Kostüm), eventuell schon kleine Rollen spielen.
- Die Tiergestalt entwickeln, aufmalen, anschließend Ideen zu Kostüm und Maske ausdenken.
- Weil bei der Erstellung einer Tierverkleidung auf Aufwendiges verzichtet werden muß, gemeinsam überlegen, was die charakteristischen Merkmale des einzelnen Tieres sein können.
- Diese Ideen umsetzen in Kostümerstellung, Maskenbau, Schminkgesichter.
- Wichtig: Großer Vorrat an unterschiedlichen Bau-, Gestaltungs- und Bastelmaterial! Langwierige Bau-Phasen durch Bewegungsspiele unterbrechen!
- Durch Tierspiele, improvisiertes Zusammenspiel in kleineren Gruppen (Raubtiere üben zusammen, oder auch Mischgruppen) kleine Szenen, Showelemente etc. entwickeln.
- Tierbewegungstraining, mimisches Training, Sprachtraining einbauen.
- Wenn vorhanden: Texte lernen; es schafft ein Gefühl von Sicherheit, wenn er wirklich beherrscht wird.

. . . zum Auftritt

- Für den Einzug der Tiere etwas Besonderes ausdenken, sie kommen unerwartet von allen Seiten, machen eine Polonäse durch die Zuschauerreihen o. ä.
- Beim Ein-, Auszug und bei Tanzeinlagen Percussionsinstrumente benutzen.
- Die Musik vom Band oder vom Orchester (Klänge, Geräusche, Rhythmus) unterstützt das Geschehen, die Tiernummern.
- Die Kinder müssen trotz Maske und Kostüm gut sehen können.
- Den Abschluß gemeinsam gestalten, z. B. durch ein Tierlied.

Mögliche Tiernummern

können sich wiederfinden in Tiergeschichten (etwa: „Die Zirkusmäuse wollen auch mal . . ."), in Tiertänzen nach Musik (Bärentanz, eine phantastische Tierwelt tanzt . . .), in gesungenen und gespielten Tierliedern (z. B. „Was müssen das für Bäume sein . . ." in: Student für Europa).

Darüber hinaus gibt es eine Unzahl an Möglichkeiten für Einzelnummern von Tiergruppen: Pinguine auf Rollen und Steigungen, Löwen durch Reifen, als Reittier, Bären-Handstand, -Rad und Purzelbaum, Vogelmusikkapelle, ungehorsame Schweine, Vorführung von Ungeheuern, Pferdedressuren und Kunstreiterei . . .

Übrigens:

Auftritte mit Pferden werden unterschieden in:
- Hohe Schule – Kunstreiterei mit dem Pferd, Elemente: „Cevade" – Pferd steht auf den Hinterbeinen,

„Piaffe" – Trab auf der Stelle,
„Kapriole" – Sprung.
- Jockey-Reiten – akrobatische Kunststücke auf dem Pferd,
- Freiheitsdressur – gruppenweise Vorführung von Pferden ohne Reiter

Die Tierlehrerin, die auch mit Elefanten, Menschenaffen etc. arbeitet, nennt sich Dresseurin, im Gegensatz zur Dompteurin (früher: Tierbändigerin), die mit Raubtieren arbeitet.

Tier-Maskenbau

Papiermaske

a) Großer Bogen kräftiges Papier (Plakatpapier) – Augenhöhe bestimmen, an der Stelle horizontal knicken – Bogen vertikal in zwei gleiche Hälften knicken – genaue Position der Augen am 1. Knick bestimmen. Augenlöcher ausschneiden.

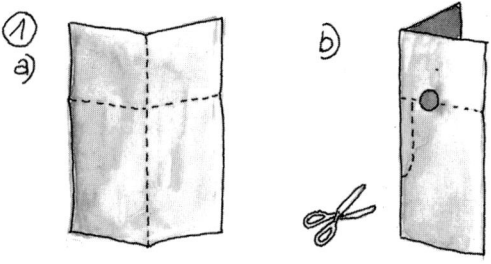

b) Blatt nach 2. Knick doppelt nehmen – halbe Nase, Schnabel etc. einschneiden.
c) Schnitt auf dem 2. Knick unten bis zur „Nasenspitze" – etwas überlappen und ankleben, die Nase kommt dadurch nach vorne.

d) Weitere Schnitte möglich (ausprobieren), damit die Maske plastisch wird – überlappen und ankleben.

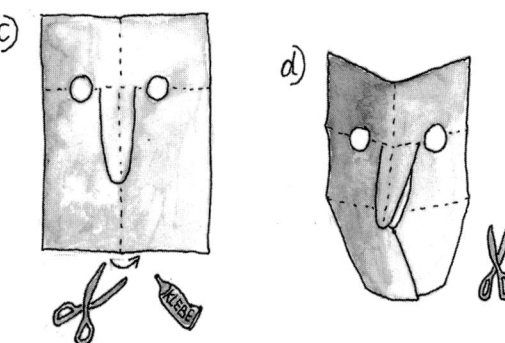

e) Mund-/Schnauzenform ausschneiden oder aufmalen – Maskenränder in gewünschte Form bringen, Schnitte für Haare, Bärte, Wimpern etc.
f) Ungefähr in Augenhöhe rechts und links von innen die Stelle mit Papier verstärken, an der das Gummi eingeknotet wird.

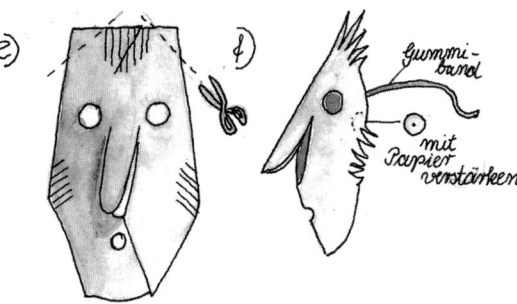

Anschließend die Maske bemalen, mit Watte, Stroh, Wolle, Stoff o. ä. bekleben.
Empfehlung: Vor dem Bau die Nasen-, Mund-, Augenpartien aus schwarzem Papier/ Karton ausschneiden, auf den Papierbogen legen und Gesamtausdruck durch Verschieben der einzelnen Formen aussuchen!

Pappmaske (einfach) mit stabilerem Sitz

Stabiler Pappkarton – Umriß von Tiergesicht ausschneiden – an geeigneter Stelle ein Feld in der Größe eines Kindergesichts ausschneiden – Gummiband befestigen – bemalen, bekleben und das Gesicht des Kindes dazu passend schminken.

Einfache Schmink-Masken

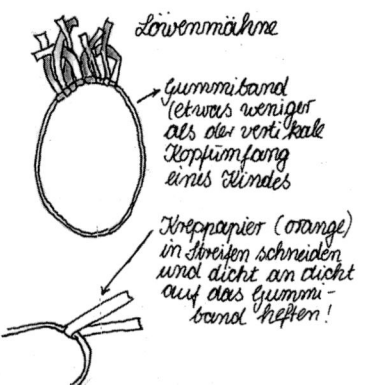

Pappmaché auf Maschendraht

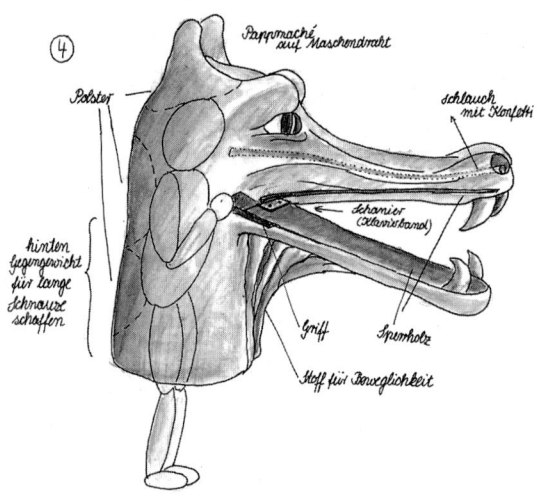

a) Maschendraht knicken, zusammendrücken, ein-, ausschneiden (Drahtschere!), so nach und nach in gewünschte Form bringen, mit Blumendraht zusammenbinden, spitze Enden sorgsam in die Drahtfläche biegen/abschneiden; Rohform ausprobieren – Raum für Kopf, Sitz, Beweglichkeit, Gewicht (?), mit Schaumstoff auspolstern.

b) Große Zeitungspapierschnipsel in dickflüssigem Kleister kurz einweichen, auf Drahtprofil legen, oben anfangen, Papierstreifen miteinander verbinden, ca. 5–7 Schichten (bei Packpapierschichten – weniger), letzte Schicht mit weißem Makulatur-Papier machen.

c) Trocknen lassen, mit weißer Wandfarbe grundieren, Gucklöcher einschneiden, notwendige Konstruktionen vervollständigen, z. B. Riemen und Schnallen zur Befestigung der Maske am Körper; Maske farbig gestalten (Abtönfarbe), Flächen, die zurücktreten sollen, dunkler; lackieren mit Bootslack – ist besonders wasserabweisend und festigend; letzte Gestaltung durch Haare, Pelz . . .

Der Maschendraht kann auch als Grundform für ganze Körperteile wie Pferdekörper, breite Schultern . . . benützt werden. Mit Stoff überspannen und u. U. mit Holzlatten verstärken!

Papiertütenmasken

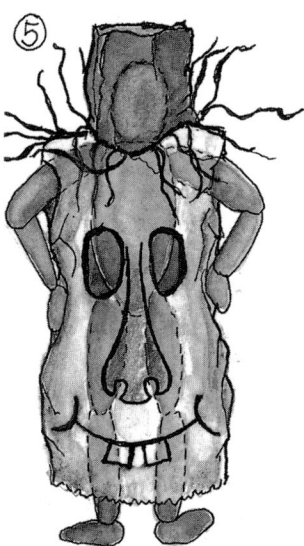

Papiertütenmasken können als Ganzkörpermaske und als Kopfmaske, aus kleineren Tüten, gestaltet werden.

Tips: Arme durchstecken und ebenfalls verkleiden (Flügel, Ohren, Haare . . .), Kopf in einem Hut verstecken, Ecken zuschneiden oder mit kräftiger Pappe überkleben, skurrile Körper-Kopfteile ankleben.

Andere Materialien und Methoden

● Naturmasken aus: Korb-/Weidenholz, Peddigrohr, Zweigen, Farn, Stroh, Blumen, Schilfhalm . . . flechten, knüpfen . . .

● Papp- und Papiermasken aus: Kartons, Toilettenrollen, Eierpappen, Packpapier, Wellpappe, Papierröllchen.

● Müllmasken aus allen erdenklichen Materialien, z. B. Blechdosen, Plastikflaschen, Schaumstoffe, Sackleinenreste, alte Haushaltsmaterialien (Siebe, Mixer . . .). Stabile Unterkonstruktionen anfertigen. Achtung: nicht zu schwer machen!

Kostüme

Dompteur, mit Stirnband, knallbuntem, weitem Hemd, Glanzweste, langer Streifenhose/enger Gymnastikhose, breitem Gürtel, Lederstiefel (!).

Dressurreiter, als Jockey in sportlich eleganter Kleidung, als Schulreiter (Hohe Schule) im Frack und Zylinder . . ., als Wild-West-Reiter im Cowboy-Look mit Fransenjacke, Cowboy-Hut und Stiefel.

Tierverkleidung

Abgesehen von dem bisher Erwähnten können noch Federn, Fell- und Kunstlederreste, alte Ledermäntel, Fellmützen, Fellmäntel und -jacken, Fausthandschuhe und natürlich auch die Schminke zur Körperbemalung eingesetzt werden.

Aus Stoffen können auch Tierleiber genäht werden, wie bei Tobi, dem Drachen:

a) mit Watte o. ä. ausgestopft

b) Halskrause mit kräftiger Nadel angenäht

c) Stoffkörper wird in der Hüfte des Kopfträgers mit einem Gummizug und durch einen zweiten Mitspieler gehalten.

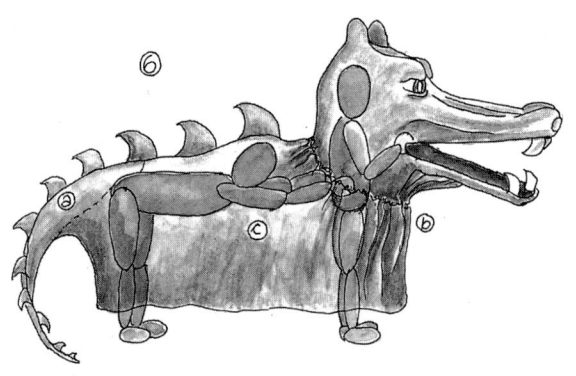

b) einen Papp-Pferdekopf ausschneiden – Ohren aufkleben – bemalen – Kreppmähne ankleben – unten einschneiden – die Hälfte knicken;
c) Pferdehals durch Schlitz stecken – innen rechts und links verkleben mit doppelseitigem Klebeband, Kreppband.

Spiele – Übungen

Fühlen

Aus Kartons und Pappe lassen sich schnell Tierkörper herstellen, etwa der von Kindern entwickelte Pferdekörper:

a) Karton (unten offen) – oben ein Loch in Hüftbreite ausschneiden – Schweif aus kleinem Holzstab mit Krepp umwickelt (steht dadurch etwas ab) in ein Loch drücken – von innen dick mit Papier umwickeln (damit der Stab nicht verrutscht);

Sumpfüberquerung – Kinder liegen nebeneinander wie ein Holzbohlensteg, das erste Kind rollt sich vorsichtig über die anderen hinweg bis zur anderen Seite, das nächste folgt . . .;

Nachempfinden

● Tierpantomime als Ratespiel: Welches Tier wird dargestellt?
● Tierfamilien – die Kinder erhalten vermischte Karten mit Tierbildern und verteilen sich im Raum, durch Bewegungsart und Tierlaute müssen sich Tierfamilien zusammenfinden;
● Geräuschkulisse – Kleingruppen (mind. 3 Personen) erhalten Bilder (Zoo, Dschungel, Bauernhof . . .), üben dazu eine Tierstimmen-Kulisse ein und führen sie vor, während die anderen Kinder mit geschlossenen Augen entspannt auf dem Rücken liegend zuhören;
● Tierchor – im gleichmäßigen einfachen Rhythmus wird zuerst mit allen Kindern ein Tierlaut wiederholt, dann erhält eine Gruppenhälfte eine andere Stimme in einer anderen Tonlänge und Tonhöhe, langsam kommen weitere Stimmen dazu.

Üben

- Sprechtraining – ein Kind steht etwas entfernt von den anderen und spricht seinen Text, die Entfernung entspricht der Entfernung Vorhang–Publikum. Anschließend über die Erfahrungen sprechen.

Maskenspiel (Tips!)

a) Vorbereitung

. . . ohne Maske – durch bereits beschriebene Körperausdrucks- und Mimikübungen und -spiele;
. . . mit Maske –

- durch Selbstbetrachtung in einem großen Spiegel: Den besonderen Ausdruck der Maske erforschen und ihre Möglichkeiten entdecken durch verschiedenen Körperausdruck (was paßt, was nicht?) Stimmungen „in den Körper holen": Trauer, Freude, Zorn, Gleichgültigkeit, Schüchternheit, Selbstsicherheit . . .;
- diese Bilder der Gruppe durch „Bewegen und Erstarren" (zu einer Statue werden) vorstellen, durch Hinweise der Gruppe den Ausdruck verändern/verstärken;
- die Maske zum Leben erwecken durch einfache Bewegungen im Raum; Hilfe: Die Gruppe reflektiert oder eine(r) spielt das Spiegelbild;
- die belebte Maske mit einer anderen begegnen (z. B. Typ – „das starke Tier" und Typ – „das schwache Tier") und ihre Rollen ausprobieren lassen;
- mehr und mehr Maskenwesen zusammen spielen lassen und damit zu einfachem Maskenspiel hinführen.

b) Erarbeitung und Gestaltung

- Ausgehend von den Masken(-Wesen) und was sie durch ihren Ausdruck erzählen können, einfache Szenen, weniger Handlungsabläufe, häufiger Situationen entwickeln und spielen.
- In einem dazugehörenden Raum spielen – in der Manege oder einem Phantasieraum, etwa in einer Dschungellichtung: Buntes Treiben exotischer Tiere!
- Deutliche Bewegungen machen (Gangart, Kopf-, Arm- und Handbewegung/-haltung), langsam und konzentriert spielen.
  Nicht zu viel von dem zeigen, was die Maske ausdrücken kann. Möglichst ohne Sprache, eher mit Geräuschen spielen. Zum Publikum spielen.

Literatur

W. Nold: Spiel- und Theateraktionen mit Kindern. Hugendubel Verlag (Anregungen und Beispiele zum Tier/Maskenbau- und -spiel)
R. Seitz (Hrsg.): Masken. Bau und Spiel. Don Bosco Verlag
W. Schön: Praxishilfe: Puppen und Masken. Gütersloher Verlagshaus (f. Jugendarbeit)
B. Tanaca: Verkleiden, Maskieren, Schminken. Otto Maier Verlag
D. Marks: Maskenbau. Materialien zur Spiel- und Theaterpädagogik. Heft 3. TPZ Lingen
P. K. Steinmann: Theaterpuppen. Ein Handbuch in Bildern. Puppen & Masken Verlag
G. Kleemann: Manege frei. Die weiche Tierdressur. Kosmos Verlag
N. Rothmann, M. Hannes: Maskenspiel. Ahorn Verlag
Fischer-Flick-Flack: Bunte Masken und Kostüme. Fischer TB

Meine lieben Zuschauer, nun darf ich Sie um Ihre geschätzte Aufmerksamkeit bitten. Unser nächstes Zirkuspräsent sollten Sie in Ruhe genießen: Ob schwebend, ob fließend, ob stampfend, ob rhythmisch oder wild und laut, phantastisch und märchenhaft . . ., Sie erwartet eine außergewöhnliche Tanzdarbietung von den . . .

Tanzen . . .

Im Kinderzirkus sind Tanzaufführungen zu einem wichtigen Bestandteil geworden.
Über die Bedeutung von Bewegung und Tanz schreibt Anne Lief Barlin:
„Die Welt kann man nur durch Wahrnehmung kennenlernen. Die Wahrnehmung der Welt . . .

beginnt mit der Wahrnehmung des Selbst. Und die Wahrnehmung des Selbst geht aus von der Wahrnehmung seines eigenen Körpers – seiner Glieder, der Art, wie er sich bewegt und wie er fühlt."

Tanzen beinhaltet aber noch mehr:
Es regt in besonderer Weise die Psyche und die Phantasiewelt der Kinder an. Tänzerische Bewegungen nach Musik bereiten ihnen offensichtliches Vergnügen. Wir unterstützen das Tanzen in unserer Arbeit durch Bewegungen nach Emotionen und Stimmungen, nach Phantasiebildern und -geschichten, durch Bewegungen nach Rhythmen und mit Requisiten. Auf diese Weise führt er wie eine Brücke zu den emotionalen und ästhetischen Ausdrucksmöglichkeiten des einzelnen Kindes und der Gruppe.

Hinweise zur Gruppenarbeit

Ausgangspunkt

für die Tanzarbeit mit Kindern müssen sie selbst sein. Der Gruppenleiter sollte zwar eine große Palette von Möglichkeiten und Anregungen bereithalten, aber genau beobachten, wie die Kinder damit umgehen: Nie gegen das spezifische Temperament von Kindern arbeiten! Frei ihre Bewegungsmöglichkeiten entdecken lassen, daran arbeiten, Anforderungen stellen, aber nicht auf ein vorgefertigtes Bild vom Tanz und von Tanzqualität hinarbeiten.

Darüber hinaus:
- Einzelnen Kindern Aufgaben übertragen: Kommandos geben, Andeutungen zum Wechsel von Bewegungselementen machen . . .
- Gruppengefühl und Kontakte entwickeln durch einen gemütlichen Gruppenraum, Ecken zum Geschichtenerzählen, Beraten, Kuscheln, Ausruhen.

Tänze erfinden

- Ein Thema aussuchen, je ein Kind denkt sich dazu einen Tanzschritt, eine Bewegung aus, alle wiederholen es. Anschließend eine gemeinsame Überlegung zum Zusammenbau der einzelnen Elemente machen.
  Beispiel: Stammestanz der Indianer – bestehend aus Schrittfolgen im Kreis.
- Eine Geschichte ausdenken, einzelne Elemente durch geeignete Musik verstärken, Darstellungsmöglichkeiten für Figuren und Geschehen der Geschichte herausarbeiten.
  Beispiel: „Die Indianer jagen den Puma" – ein Jagdtanz zum Mut-Machen, bei dem Jagdszenen und -bewegungen und -ereignisse tänzerisch nachgespielt werden.
- Bewegungsspiele spielen, kleine Situationen, Bilder, Räume, kurze Ereignisse in der Phantasie durch Bewegungen, Laute und Töne nachgestalten und Elemente daraus beliebig zusammenfügen, musikalisch abgrenzen.
  Beispiel: s. Tanztraining

Tänze gestalten für den Auftritt

- Tragendes Gerüst sollten immer Phantasiebilder, -ereignisse, Themen oder Geschichten sein.
- Die verschiedenen Elemente sollten in sich abgeschlossen sein.
- Die enthaltenen Bewegungsabläufe sollten nicht zu kompliziert sein und deutlich dargestellt werden. Nicht verstecken, nicht klein machen, sondern Raum nehmen, Ausdruck verstärken!
- Die einzelnen Tanzelemente rhythmisch aufbauen, z. B. im Wechsel von ruhig und bewegt, laut und leise . . . damit ein Tanzstück entsteht und Spannung!

- Durch Musik vom Band – live – von Instrumenten der Tänzer/innen, durch Requisiten und Verkleidung den Gesamtausdruck unterstützen.
- Einen klaren Anfang und einen klaren Schluß schaffen.

Tanzbeispiele

Maskentanz, Tiertanz, Indianertanz, Hexentanz, Feentanz, Robotertanz, Folkloretanz, Menuett, Schattentanz, Seifenblasentanz . . .

Seifenblasentanz (Tips!)

Für einen Tanz mit großen Seifenblasen muß rechtzeitig vorher eine besondere Seifenlösung vorbereitet werden. Mit diesem Mittel Blasen zu produzieren, ist gar nicht so einfach. Deshalb sollte es von den Kindern ebenso ausreichend geübt werden wie den dazugehörenden Tanz.
Bei der Aufführung können mehrere flache Behälter, z. B. Waschschüsseln, innen am Manegenrand stehen, so daß die Kinder aus verschiedenen Positionen schnell an die Seifenlösung kommen können. Wenn die Seifenblasen und vielleicht auch bunte Tücher und eine fließende Musik den Tanz untermalen, kann ein äußerst faszinierendes Schauspiel das Publikum verzaubern.
Aber Achtung! Große Rutschgefahr! Nach der Vorführung die Seifenlaugenreste gründlich vom Boden aufwischen!

Rezept für Seifenlaugenherstellung

Zutaten:
a) 500 ml 2%ige Sulfobernstein-Säure (lösungsmittelfrei, wachsähnlich)
b) 400 g Dextrose (Puderzucker)
c) 400 ml Glycerin (85%ig)

Herstellung:
10 g Sulfobernstein-Säure in 490 ml destilliertem Wasser einen ganzen Tag lang ganz auflösen, ab und zu durchschütteln, den Zucker in dieser Lösung im Kochtopf vorsichtig erhitzen; wenn die Flüssigkeit klar ist, das Glycerin dazugeben, umrühren und einige Zeit kühl und verschlossen lagern.

Seifenblasen-Ringe:
Metalldraht (ca. 3 mm, 160 cm) in der Mitte zu einer runden Öse binden (ca. 15–20 cm Durchmesser), lange Enden ineinander verdrehen, Enden/Griffstelle mit Textilklebeband umwickeln, Öse mit Mullbinden umwickeln.

(Adressen für Chemikalien/Seifenlaugen s. Anhang, siehe auch: „Hobbythek-Buch 10")

Maske – Schminke – Kostüm

- Die Masken und Schminkgesichter passen sich dem Tanzausdruck, der Geschichte etc. an. Sie stehen an zweiter Stelle, dürfen nicht die Bewegungsfreiheit behindern und müssen kein empfindliches Kunstwerk sein.

Kostüme (Beispiele)

a) Robotertanz:
   Pappröhren (Arme), Kartons (Kopf und Oberkörper), Pappen und Drähte, mit Alu-, Glanzfolie bekleben; Taschenlampen für Lichteffekte und Spielzeugsirenen.
b) Maskentanz:
   Masken aus Papier, Pappe, Pappmaché, Gips; bunte Kleidungsstücke skurril verändern: Fetzen,

Folien, Glöckchen, Federn, Lametta, Krepp, Gegenstände, Naturmaterial . . . anbringen, Teile herausschneiden.

c) Feentanz:

Weite, leichte, pastellfarbene, gebatikte Tücher und Gardinengewänder umhängen, Tüll, Borten, Kreppblumen, -bänder, Halstücher, große Stoffbahnen . . .

Requisiten

Auch die Requisiten stehen an zweiter Stelle. Der Tanz der Kinder ist für sich allein schon ein gutes Ausdrucksmittel! Sie dienen nur der effektvollen Unterstützung des Galaauftritts, der dadurch bunter und sinnlicher wird:
Chiffontücher, Stoffbänder an Stäben, großes, rundes Tuch (aus Dreiecken zusammennähen), Kerzen, Wunderkerzen, Kleinpercussion, wie Rasseln und Klangstäbe, Trommeln . . .

Spiele – Übungen

Bewegen

„Die ‚tolle‘ Schlange" – alle Kinder bilden eine Schlange durch Festhalten. Sie spielen eine Kriech-, Rutsch-, Krabbel-, Hüpf-Schlange. Dann macht das erste Kind eine besondere Bewegung, z. B. humpeln, springen, Kopf verdrehen . . ., und der Reihe nach machen die übrigen Kinder die Bewegung schnell nach. Das erste Kind wechselt ans Ende der Schlange und das neue erste Kind macht beliebig weiter, mit Geräuschen, Tönen variieren.

Fühlen

„Die Massage-Maschine" – alle Kinder und Gruppenleiter bilden durch zwei Reihen, sich gegenüber kniend, eine schmale Gasse. An einer Seite beginnen rechts und links abwechselnd sich Mitspieler langsam auf dem Bauch durch die Gasse zu schlängeln. Sie werden dabei von den anderen mit den Fingerspitzen durch eine Trommelmassage massiert und schließen sich an der anderen Seite wieder der Gasse an.

„Tanztraining", eine Bewegungskette

- Wir gehen durch den Raum, ganz langsam, ganz schnell, rennen und bleiben stehen, die Veränderung in eine neue „Gangart" signalisiert ein lautes Klatschen mit der Hand; Bilder: Der Boden unter uns ist heiß, kalt oder angenehm warm . . .; wir sind Darsteller eines Films, der vor-, rückwärts, schnell, langsam . . . gespielt wird.
- Wir stellen Tiere dar: Schlangen, Hasen, Katzen, Frösche, Vögel, Raupen, Giraffen, Elefanten, Schnecken und spielen sie in unterschiedlichen Bewegungsformen.
- Wir sind Pflanzen: Einzelne Bäume, die wachsen, sich entfalten – im Wind, im Sturm; bei Unwetter fallen Bäume um; wir bilden große Bäume (3 Kinder) und einen ganzen Nadelwald.
- Wir üben fremdländische Sprachen, versuchen uns durch Gestik, Mimik zu verständigen.
- Wir bilden 2–3 Maschinen: Räder, Kurbelwellen, Motorteile, Achsen, die irgendwann zusammenstoßen und auseinanderfallen. Geräusche!
- Wir imitieren durch Bewegungen eine Bergbesteigung, durchqueren einen Bergwald, klettern am Berg, steigen über Leitern, blicken zurück ins Tal, ruhen uns aus, kuscheln uns bei Unwetter in eine Höhle, erreichen den Gipfel, spielen die Tiere und

Pflanzen dort oben, einige bauen sich ein Haus, andere machen sich an den Abstieg.
- Wir gehen in eine Disco, tanzen nach Musik, frei, ungezwungen, ohne Bilder, wild . . .

Auf diese Weise können viele verschiedene Bewegungsketten entstehen, ihr Reichtum ist unerschöpflich und alle machen Spaß!

Maskentanz (Tips!)

a) Vorbereitung (s. kleine Tiere, große Tiere – Maskenspiel)

b) Erarbeitung und Gestaltung:

- Den Maskentyp/-charakter ertanzen, z. B. Tanz der Vampire (schleimig, fließend), Tanz der Gorillas (schwerfällig, wuchtig), Tanz der Spieler und Gaukler (feingliedrig, hüpfend, luftig) und Musik dazu aussuchen.
- Stimmungen und Gefühle, die die Masken ausdrücken können, durch den Tanz darstellen und Musik dazu suchen.
- Verschiedene Melodien und Rhythmen von Musik im Tanz umsetzen, dazu besonders abwechslungsreiche Musik zusammenstellen.

- Eine einfache Geschichte/Handlung, die die Masken von ihrem Ausdruck her erzählen können, auf wichtige Bewegungselemente oder Handlungsteile reduzieren – durch Rhythmisierung, d. h. Wiederholung in verschiedenen Längen, Zusammenbau unterschiedlicher Teile . . ., tänzerisch gestalten, Musik dazu!
- Den Gesamteindruck von Maskenaufzügen und -tänzen durch Rhythmusinstrumente: Klanghölzer, Rasseln etc. und Klanginstrumente: Glöckchen, Metallstäbe . . . verstärken!

Literatur

A. Graß-Tutt: Tanztrubel. Tänze für Kinder von 4–10 Jahren. Don-Bosco-Verlag

M. Hofmeister: Tänze für festliche Anlässe. Gestaltungen und Improvisationen für Gruppe und Schule. Don-Bosco-Verlag

A. Bärwinkel, H. Seitz, K. Westphal, D. Zachert: Füße im Wind. Bewegung mit Kindern (8–13j.). Burckhardthaus-Laetare Verlag

U. Fritsch (Hrsg.): Tanzen. rororo-Sachbuch

A. L. Barlin: Fliegen möcht' ich. Otto Maier Verlag (vergriffen, Bibliothek!)

B. Haselbach: Improvisation, Tanz, Bewegung. Klett Verlag

Musiktips: siehe Anhang!

Gefahr und Eleganz, Hochspannung und Grazie verbinden sich, meine Damen und Herren, Sie werden es erleben, die atemberaubende Hochseilakrobatik, Königinnen und Prinzen der Lüfte, Tänzer und Tänzerinnen der Zirkuskuppel. Manege frei!

„Liniendancer" (alt. f. Seiltanz)

Der Seiltanz ist eine der ältesten Gauklerkünste. Es hat ihn schon in der Antike, wahrscheinlich noch früher in China oder Zentralasien gegeben. Erst im Mittelalter lassen sich wieder Belege für Seiltanz finden. Bei einer Vermählung des französischen

Königs Ludwig IX., des Heiligen, ließ sich am 14. Juni 1237 *„unter anderen ein Künstler sehen, der zu Roß auf einem durch die Luft gespannten Seile ritt"* (s. Hampe). Diese schwerste und gefährlichste aller Gauklerkünste wurde auch entsprechend hoch geachtet und reich belohnt. Deshalb traten sie nicht nur auf Straßen, Jahrmärkten oder in eigenen Seiltanzbuden, sondern auch in öffentlichen „Fechthäusern" auf. Von einem solchen Auftritt wird berichtet (16. Jh.): *„Unter anderem tanzte er auf dem Seil in vollem Harnisch, schnallte sich hölzerne Kugeln unter die Füße . . ., desgleichen mit Scheermessern, . . . Daneben führte er alle möglichen Sprünge und Verrenkungen auf dem Seile aus"* (s. Hampe), welches oft durch ein Holzgerüst (2–20 Meter hoch) gehalten wurde, das ebenfalls mit Seilen gespannt war.

In den Zirkus kam der Seiltanz über einen Umweg, nämlich der Reiterei. Die Kunstreiter des ausgehenden 18. Jahrhunderts hatten ihn auf den Jahrmärkten dazu gelernt, führten die Seiltanzübungen auf dem Pferderücken aus und ermöglichten so auch den Beginn von Zirkuskunst durch ein reichhaltigeres Reitprogramm (s. Zirkushistorie). Mit dem Verschwinden der alten Zirkuskunst in unserem Jahrhundert verschwand auch die Kunstreiterei, mit ihr der ursprüngliche Seiltanz. Heute ist er aufgegangen in der „Luftakrobatik", zu der die „Fliegenden Menschen" am Flugtrapez, allerlei Hochseilakrobatik und Artistik an hängenden Seilen und Stangen gehören.

Hinweise

. . . zur Gruppenarbeit

- Wichtige Regeln zu den Geräten durchsprechen, z. B.: nicht alleine üben, Geräte niemals zum Rumturnen benutzen . . .
- Die Bedeutung der Hilfestellung erfahrbar machen. Die Hilfestellung vom Boden aus geben und

mindestens mit einer Person vor und hinter dem „Seil".

- Sicherheitsmaßnahmen treffen: Bodenfläche unter und neben den Geräten mit Turnmatten abdecken, die Geräte nur barfuß begehen, ohne Strümpfe, ohne Gymnastikschuhe (!), keine langen, behindernden Kleider tragen.
- Kinder sollten sich zuerst am Boden Kunststücke ausdenken und probieren. Danach sollten sie sich durch einfache Übungen (vor-, rückwärts gehen) an das Gerät gewöhnen können.
- Die Geräte (Turnbank, Schwebebalken . . .) erst nach und nach erhöhen, später, falls vorhanden, auch einen Stufenbarren benutzen.
- Der Gruppenleiter sollte rechtzeitig Selbstüberschätzungen von Kindern erkennen.

. . . zum Auftritt

Der Auftritt kann durch harmonische Musik untermalt werden: Instrumentales, Klassik am Klavier, Drehorgelmusik von der MC . . . Er kann durch ruhiges, elegantes Auftreten gekennzeichnet sein. Die Übungen sollten ruhig aber bestimmt, zügig, nicht langweilig sein. Sie können durch buntes Licht herausgestrichen und eventuell durch winzige clowneske Störeinlagen gewürzt werden!

Seiltanz-Elemente (Beispiele)

- Bändertanz mit Schwungbändern als choreographische Darstellung nach Musik.
- Reifen-Jonglerie – Hulla-Hup-Reifen um Arm(e), Fußgelenk, Hüfte kreisen lassen.
  Reifen nacheinander oder gleichzeitig, zu zweit oder zu dritt zuwerfen.
  Olympische Ringe bilden etc.

- Balance-Akte, z. B. mit geeignetem Stuhl auf dem Schwebebalken sitzen . . . (Hilfestellung!)
- Akrobatik – hier ein paar Einzelbeispiele, die natürlich vielfältig erweitert und zum Tanz zusammengestellt werden können:

Vorwärtsrolle

Nachstellschritt

Standwaage

Spagat

Pferdchen - Sprung

Höfischer Knie-Fall

Kopfstand mit Kissen

Schere

Sonnen - Rad

kleiner Hüpfer

"Pas - de - deux"

Handstand

Adebar

Pyramide

Waage

"Ausloten"

② *am Barren*

Schwimmer (Bauch- und Rückenlage)

Am Stufenbarren

ist ein Großteil der angedeuteten Bewegungen auch möglich. Seine zwei Holme ermöglichen aber noch weitere interessante Vorführungselemente. Es hat sich bewährt, einen Holm hoch zum Festhalten und Abstützen, den zweiten Holm niedrig einzustellen. Auch hier ist natürlich ausreichende Sicherung und Hilfestellung erforderlich!

Requisiten

Seiltanzgeräte anstelle von Stufenbarren und Schwebebalken können auch sein:
- Lange Holzbalken, dicke Holzbohlen, umgedrehte Turnbänke, die durch Stühle, Holz-, Bierkisten erhöht werden können,

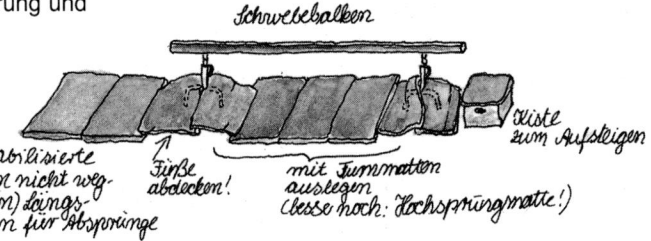

Schwebebalken

③ *2 stabilisierte (können nicht wegrutschen) Längsmatten für Absprünge*

Füße abdecken!

mit Turnmatten auslegen (besser noch: Hochsprungmatte!)

Kiste zum Aufsteigen

- vielleicht auch ein dickes Tau zum Schlappseillaufen (!), braucht aber Zeit (s. Literaturhinweis).

Sonst wird noch benötigt:
- Schwere, rutschfeste Turnmatten – oder/und Hochsprungmatte.
- Verschiedene Kleinrequisiten – Schirme, Reifen, Jonglierbedarf, lange Stäbe als Balancierstangen (!), Keulen, Chiffontücher, Krepp-/Stoffbänder am Stab, große bunte Tücher . . .

Maske – Schminke – Kostüm

Schminken – je nach Phantasie der Kinder, zur Unterstützung des Gesamteindrucks . . .
Kostümieren – einfache, einfarbige Taftröcke, aus einfacher Rechteckform, auffällige Pumphosen oder kurze (Turn-)Hosen, T-Shirts, z. B. mit Kreppapier verändert, Umhänge aus alten Gardinen (vor dem Auftritt ablegen – Stolpergefahr!), Stirn-, Armbänder, Turnschuhe, keine Ballettschuhe (!) – sie sind zu glatt, am besten aber barfuß . . .

Spiele – Übungen

Bewegen und Konzentrieren

„Schiffe im Nebel" – ein Spieler geht mit verbundenen Augen durch den Raum, auf dem Boden sitzen im Raum verteilt die übrigen. Sie müssen frühzeitig Signaltöne abgeben, damit der „Blinde" nicht stolpert oder gegen eine Wand stößt . . .

Auflockern nach Bildern

– in einem Kühlhaus, frieren und einen Schüttelfrost kriegen und sich durch schnelle Bewegungen, reiben und streichen warm machen,
oder: Trauerweiden an einer Allee – alle stellen diese Bäume dar, indem sie eine Gasse bilden, die Arme schwer herabhängen lassen. Eine(r) spielt ein Auto. Die verschiedensten Wagentypen brausen mit unterschiedlicher Geschwindigkeit vorbei, und der Luftzug bewegt die Äste, schleudert sie manchmal herum, oder der ganze Baum vibriert bei schwerem Lastenschlepper (!), wird durchgeschüttelt.

Aufwärmen und darstellen

Schattenspiel,
– ein Diaprojektor beleuchtet eine weiße Wand, dazwischen experimentieren die Kinder zuerst mit ihren Schatten, dann werden (Tier-)Figuren, Maschinen . . . ausgedacht und erstellt, und schließlich wird nach besonders abwechslungsreicher Musik ein Schattentanz getanzt.

Tanzen nach unterschiedlicher Musik

- Trommelmusik (z. B. Africa Djolé),
- Discomusik,
- Break dance,
- Menuett

Musiktips: s. Anhang!

Pantomimischer Seiltanz
mit Requisiten, am Boden nach ruhiger Musik.

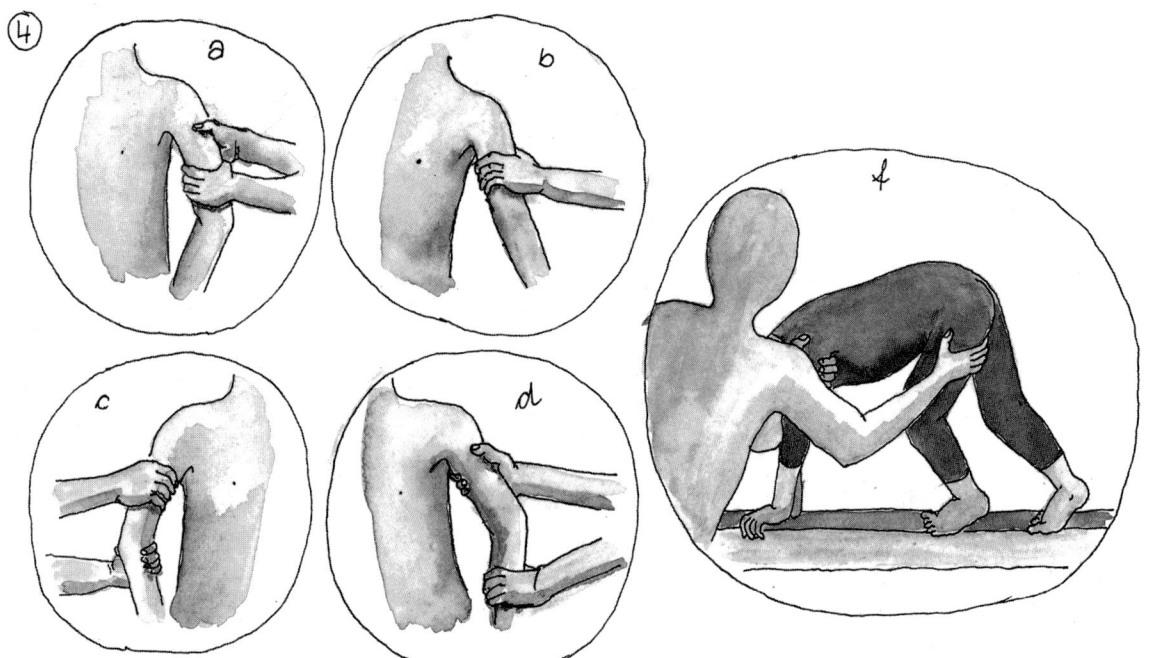

Helfergriffe (4)

a) Klammergriff – mit beiden Händen am Oberarm (Finger innen, Daumen außen) – für Abgänge vom Barren, Schwebebalken, für Sprünge;

b) halber Klammergriff – mit einer Hand (verminderte Hilfeleistung);

c) und d) Stützgriff – eine Hand am Oberarm, andere am Unterarm (je nach Bewegungsrichtung), Faustregel: Linke Hand zum linken Oberarm . . . Ellenbogen muß frei beweglich bleiben – zur Führung auf dem Schwebebalken, Barren, für Stützsprünge und Abgänge.

e) Gleichgewichtshilfe – bei labilen Haltepositionen und Ständen, durch Klammergriff (siehe a) oder am Gesäß und den Schultern (siehe f).

f) Stützgriff-Drehhilfe – eine Hand unterstützt Drehbewegung am Gesäß, die andere durch Stützgriff am Oberarm.

Weitere Hilfe siehe Akrobatik!

Literatur

A. Carke: Auf dem Seil laufen, in: sportpädagogik 3/87

11. Magier und Zauberer

Nun – ladies und gentlemen, mesdames et messieurs, lassen Sie sich gefangennehmen von der wunderbaren Welt der Zauberei, Hexerei und Magie. Unbegreifliche Dinge werden hier vor Ihren Augen passieren . . .

Ursprünge der Zauberei!

Vor vielen Tausenden von Jahren, als die Menschen begannen, die Natur mit Begriffen zu erfassen, und sie sie in Gut und Böse einteilten, entstand auch die Magie. Die Menschen versuchten mit Hilfe von guten Geistern Böses, das von schlechten Geistern kommen mußte, zu vertreiben oder zu besänftigen. Dazu benutzten sie magische Rituale, für die später ein auserwähltes Stammesmitglied zuständig wurde: Der Magier, Medizinmann, die weise Frau.

Mit der Zeit wuchs der Einfluß dieser Leute natürlich immer mehr, weil sie auch als Ratgeber, Hellseher und Wahrsager fungierten. Sie verfügten oft auch über detaillierte psychische und physische Kenntnisse. Um ihren Einfluß zu bewahren, versuchten sie ihre Fähigkeiten für sich zu behalten, trieben damit auch Mißbrauch. Immer mehr lernten sie die Kraft des Glaubens an die Magie zu vergrößern und erfanden deshalb oft allerlei faszinierendes Beiwerk.

Die Priester der sich entwickelnden Religionen waren der Ansicht, daß man die Geister nur bitten, ihnen aber nicht mit Magie „befehlen" könne. Hier trennten sich die Wege der Magier und Priester.

Als die Welt mehr und mehr naturwissenschaftlich erklärt wurde, gab es eine weitere Wende. Die magische Erklärung der Erscheinungen verlor zusehens an Bedeutung. An diesem Punkt der Geschichte spaltete sich die Magie: in die Unterhaltungskunst der Gaukler und die okkulten Praktiken geheimer Zirkel. Die Zirkuskunst in Europa wurde durch die Künste aus dem Nahen Osten stark beeinflußt. Neben der Gaukler-Zauberei entstand noch die Taschenspielerei. Mit Fingerfertigkeit und Unterhaltung versuchten die Zauberer damals, etwas Geld zu verdienen. Um sich vor Verfolgung und Verleumdung zu schützen, mußten sie in Schriften populäre Tricks erklären. Der Glaube, sie hätten sich mit dem Teufel verbündet, ließ sich trotzdem nur schwer vertreiben.

Ein Teil der Zauberer verabschiedete sich bald von den fahrenden Leuten, um im Varieté zu arbeiten oder auch, um bei Solo-Auftritten in der „high society" (Zaubershows) viel Geld zu verdienen. Die Zauberei hat sich bis heute zu einer „hohen Kunstform" entwickelt (siehe Wendy Rydell).

Kinderzirkus-Zauberei

. . . ist eine Auswahl von Zauberkunststücken,
- die von Kindern leicht und relativ schnell erlernt werden können,
- die von ihnen ebenso leicht nachgebaut werden können
  (Zutaten, Requisiten sollten von Kindern leicht besorgt werden können),
- die allesamt gut sichtbar sind, also keine Taschenspielertricks machen, Manegenzauberei hat in der Regel eine große Distanz zum Publikum,
- die dazu geeignet sein müssen, von drei Seiten eingesehen werden zu können (Manege – Dreiviertelkreis!).

Hinweise

. . . zur Gruppenarbeit

Einstieg – eine ernst zu nehmende Form schaffen:
- Geheimbund der Zauberer gründen, ins „Magische Buch" eintragen lassen, Rituale abhalten, Regeln erlassen und die Einhaltung garantieren, z. B.: Zauberkunststücke niemals verraten, einen Zaubertrick nur einmal an einem Tag vorführen . . .!
- Über Zauberei reden, was ist darüber bekannt – ist bereits probiert worden, woher kommt die Zauberei?!
- Erklären, was die Zauberei ausmacht?
  Bunte Requisiten, Fingerfertigkeit – also viel üben (!), das Drumherum als Ablenkungsmanöver und zur Verstärkung der Faszination, z. B.: Nie vorher sagen, was ge-/bezaubert werden soll, Ereignisse nicht ankündigen, lautes deutliches Sprechen, eindeutige Bewegungen und interessante Zaubersprüche!

Fortführung:
- Kinder reihum alle Kunststücke probieren lassen,
- dann Gelegenheit geben, in Kleingruppen geeignete Stücke selbst vorzubereiten und zu proben,
- Zauberkästenbau zum Schutz der Requisiten,
- Requisiten, die besonders haltbar sein müssen, durch den Gruppenleiter schon vorher anfertigen.

Wichtig: Zusammengehörende Zauberrequisiten mit „übertriebenem" Ordnungssinn zusammenhalten: Das Suchen von Einzelteilen bei einer Übung oder gar bei der Gala ist absolut nervenaufreibend!

. . . zum Auftritt

- Das Präsentieren entscheidet über den Erfolg beim Publikum!
- Effekte einbauen: Wunderkerzen und Hexenpulver. Das ist Bärlapp. Die Sporen mit Salzstreuer oder wie eine Prise Salz in eine offene Flamme geben! Achtung! Staubexplosion! Körper und Gesicht weit weghalten!
- Dekoration benutzen: Tücher (schwarz, weinrot) mit aufgenähten magischen Symbolen, Kultgegenstände.
- Licht – nur Kerzen auf dem Zaubertisch und Spot auf die bedeutungsvollen und bedeutungslosen (Ablenkung!) Stellen.
- Musik – nur zum Auf- und Abtritt bestimmter Zauberertypen, z. B. dem Chinesen, entsprechende Musik. Sonst lediglich leiser Trommelwirbel.
- Sprachstil – je nach Zaubertypus, möglichst wenig Sprache, notfalls Mikro benutzen, phantastische Zauberformeln sprechen.

- Vor dem Auftritt ist eine Konzentrations- und Entspannungsphase ratsam, etwa eine „Stille Minute": Alle schließen die Augen und halten sich an den Händen.

Kunststücke und ihre Requisiten

Wichtige, allgemeine Requisiten

Zauberstäbe: Holzstab, Metallröhrchen, Papierröllchen; Zaubertisch: hoher Holzkasten auf kleinen Rollen, aufklappbar, gut dekoriert; Tücher zum Abdecken, Verschwinden- und Erscheinenlassen, Zaubersalz: Bärlappsporen (!) im großen Salzstreuer.

Zauberkunststücke . . .

. . . für Kinder ab ca. 7 Jahren
(jüngere Kinder haben oft noch ein stark ausgeprägtes „magisches Denken" und es fehlt ihnen die Abstraktionsfähigkeit!):
1. Die Zerteilung eines Menschen
2. Der Färbungszauber
3. Das Glas der Erscheinung
4. Japanischer Schwertzauber
. . . für Kinder ab ca. 10 Jahren:
5. Die mystische Wanderung
6. Rührei aus dem Nichts
7. Die schwebende Oma
8. Der Solo-Zauberer
9. Die Birne, die eine Apfelsine werden wollte . . .
10. Die nackte Mettwurst

① DIE ZERTEILUNG EINES MENSCHEN!

Was die Zuschauer sehen:	– was sie nicht sehen:
	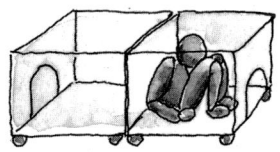
eine Zauberkiste wird hereingerollt,	– ein Kind steigt schon vorher in die Fuß-kiste
	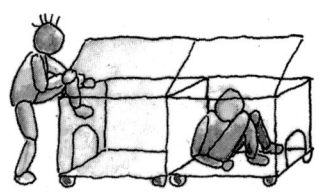
ein Kind aus dem Zuschauerraum steigt hinein, die Kiste wird verschlossen, das Kind steckt seine Füße durch die Öffnungen (Fußkitzel und Lacher beweißt die Ganzheit des Körpers!),	ein eingeweihter Zuschauer (Zauberer) steigt in die "Kopfkiste" und steckt den Kopf heraus, während das andere Kind gleichzeitig seine Füße durch die andere Öffnung steckt,
	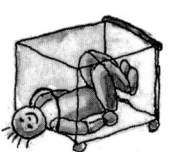 
zwei scharfe Messer werden eingestoßen (!), die Kisten voneinander getrennt, die Körperhälf-ten nebeneinander geschoben, Hokus Pokus (!), wieder ver-bunden, die Messer herausgezogen, das Ganze mit Zauber belegt (eventuell wird Uhu nötig), die Kiste wird geöffnet und das Kind steigt unversehrt wieder heraus.	die Kinder verharren in ihren Positionen, gleichzeitig mit dem aussteigenden Kind zieht das andere seine Füße wieder ein. Achtung: beide müs-sen gleiches Schuhwerk tragen oder barfuß sein!

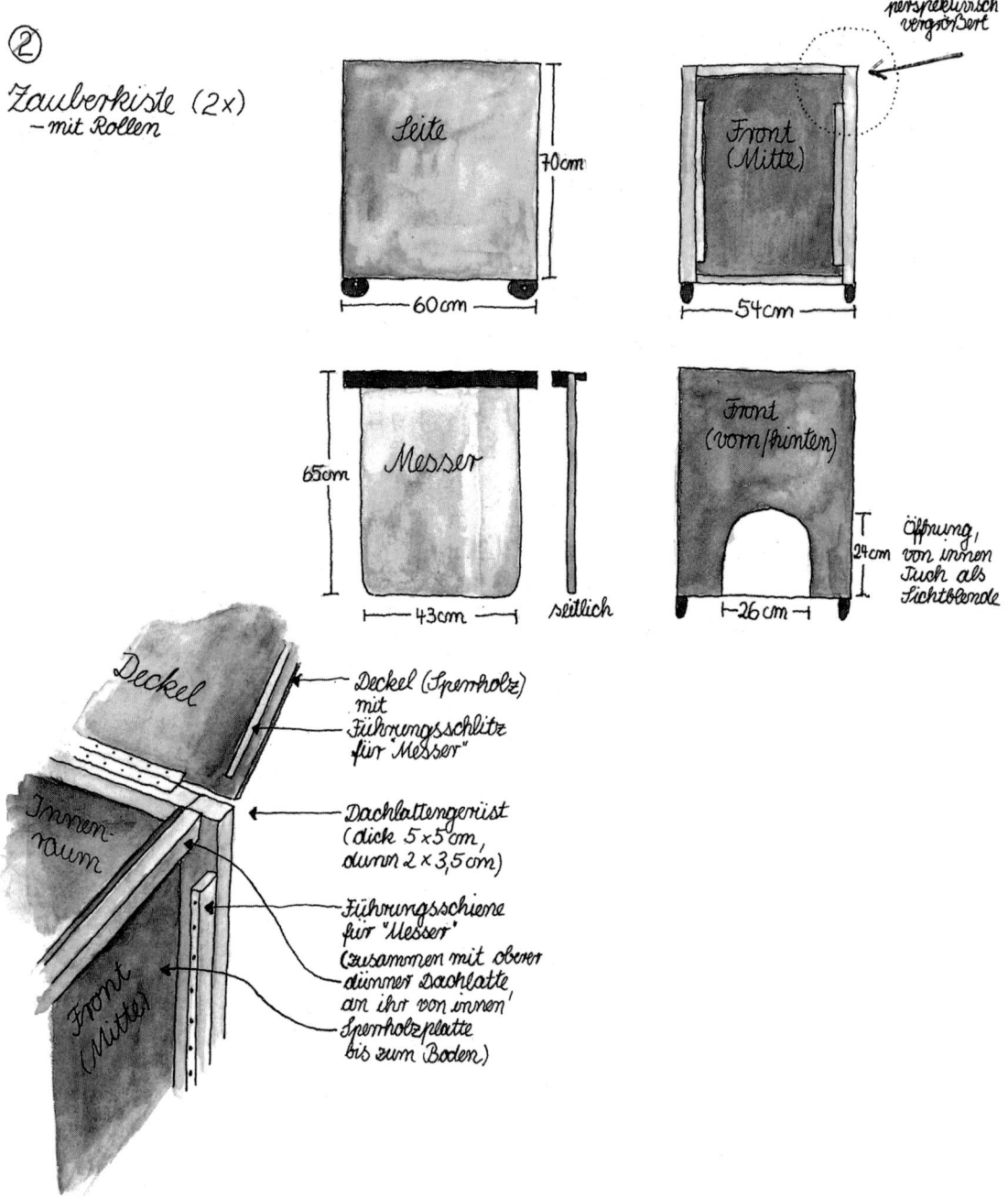

②

Zauberkiste (2x)
– mit Rollen

perspektivisch vergrößert

Seite

70cm

60cm

Front (Mitte)

54cm

Messer

65cm

43cm

seitlich

Front (vorn/hinten)

24cm

26 cm

Öffnung, von innen Tuch als Sichtblende

Deckel

Innenraum

Front (Mitte)

Deckel (Sperrholz) mit Führungsschlitz für "Messer"

Dachlattengerüst (dick 5×5 cm, dünn 2×3,5 cm)

Führungsschiene für "Messer" (zusammen mit oberer dünner Dachlatte an ihr von innen' Sperrholzplatte bis zum Boden)

2. Der Färbungszauber

Es werden zwei leere Gläser vorgezeigt, die Gläser, oder auch Plastikbecher, werden verdeckt, klares Wasser wird hineingegossen, Zauber, Zauber . . . Die Abdeckung wird entfernt und unerwartet ist trinkbares blaues und gelbes Wasser entstanden. Die beiden Wässerchen sollen nochmals verwandelt werden: Ein drittes, leeres Glas wird abgedeckt, die beiden Wasser zusammengegossen, Zauber, Zauber . . ., dann können es alle sehen: Grüne Waldmeisterbowle!

Die Gläser enthalten je einen unsichtbar kleinen, durch Adhäsionskraft am Boden haftenden Lebensmittelfarbtropfen (gelb/blau), der eventuell schon angetrocknet ist. Das Wasser verfärbt sich augenblicklich. Blau und gelb vermischen sich zu grün!

3. Das Glas der Erscheinung

Ein leerer Becher wird vorgezeigt, der Becher wird mit einem Tuch zugedeckt und Zauber, Zauber . . ., das Tuch wird wieder entfernt, und unerwartet befindet sich Konfetti (o. ä.) im Becher.

Der Becher ist in der Mitte durch eine Spiegelfolie in eine vordere und eine hintere Hälfte getrennt, die vordere wird gezeigt, im hinteren Teil befindet sich Konfetti (o. ä.). Beim Ergreifen des Tuches nimmt der Zauberer auch die Folie zwischen die Finger, zieht sie ebenfalls hoch, und das Konfetti wird sichtbar!

Was die Zuschauer sehen:	Was sie nicht sehen:

4. Japanischer Schwertzauber

2–4 Kinder steigen in die Kiste. Der Magier verschließt sie und durchstößt sie nach und nach mit Holzschwertern. Zauber, Zauber . . ., und die Kinder kommen unversehrt hervor!

Vorbereitung: Eine stabile Holzkiste mit Platz für 2–4 Kinder; außen Stellen markieren, an denen die Kinder die Seitenwände nicht berühren; Punkte durchbohren, Stab durchstecken, dieser markiert eine weitere, gegenüberliegende Stelle, durchbohren. Kiste als Zauberkiste gestalten! Die Kinder gehen in der Kiste in die entsprechende Position, sie helfen dem Magier, indem sie unauffällig die Schwerter in das jeweils zweite Loch führen!

5. Die mystische Wanderung

Auf einem Tablett werden zwei schwarze Röhren hereingetragen, Zauber, Zauber . . ., eine Flasche erscheint und ein Becher. Die Röhren werden wieder übergestülpt, mit einem Tuch abgedeckt, Zaubersalz darüber gestreut etc. Zauber, Zauber . . ., wieder hochgehoben: Flasche und Becher haben ihren Platz getauscht.

In den elastischen (Papp/Plastik-)Röhren stecken jeweils ein Becher in einer Flasche ohne Boden. Die Flasche ist undurchsichtig, beide Paare gleichen sich aufs „Haar". Beim Hochheben der Röhren wird auf die rechte Röhre Druck ausgeübt, so daß sich die Flasche verklemmt . . .
Beim nächsten Mal wird Druck auf die linke Röhre ausgeübt, nachdem die rechte Röhre mitsamt Flasche wieder über den Becher gesetzt wurde, um diesen zu verdecken . . .

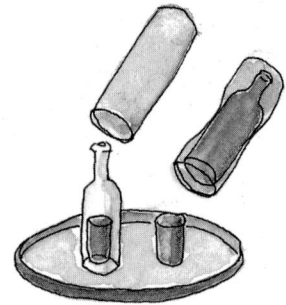

Was die Zuschauer sehen:	Was sie nicht sehen:

6. Rührei aus dem Nichts!

Eine Hexe tritt auf und will eine Mahlzeit zaubern. Wie wär's mit Rührei?! Sie entzündet ihren Kocher, einen Camping-Gaskocher beispielsweise, zeigt eine stinknormale kleine Pfanne vor. Dem Assistenten gibt sie rohe Eier in die Hand, sie sollen in Rührei verwandelt werden! Unter unendlich komplizierten Hexensprüchen streicht sie wieder und wieder mit dem Zauberstab über die erhitzte Pfanne, die noch immer leer ist. Plötzlich fängt es zu zischen an, dann steigt Rühreiduft in die Luft, und nach einer Weile befindet sich tatsächlich eßbares Rührei in der Pfanne. Die Eier in der Hand des Assistenten sind verschwunden . . .

Vorbereitung: Präparieren des Zauberstabes – Metallröhrchen, ca. 30 cm lang, in Butter stecken, dieses Ende in Rührei halten, Butterpfropfen und Rührei hochsaugen (üben!), Ende nochmals in Butter stecken, so daß oben und unten Butterpfropfen sind, die das Rührei einschließen. Im Kühlschrank aufbewahren! Der Assistent hält die Eier so, daß sie nicht mehr gesehen werden können, irgendwann läßt er sie geschickt verschwinden. Die Hexe streicht über den Pfannenboden, damit der Butterpfropfen zu schmelzen beginnt. Die Butter läuft aus und bildet die Fettgrundlage für das nachlaufende Rührei, dieses wird so lange gerührt, bis es fest geworden ist.

7. Die schwebende Oma

Der Zauberer will eine Oma in Hypnose versetzen. Sie steigt in eine Kiste, dort muß sie ein uraltes Festgewand anziehen. Sie wird hypnotisiert, legt sich zum Schlafen in die Kiste, Hokus Pokus . . . (!), und heraus schwebt die Oma, höher und höher. Auf Hypnosebefehl hin fliegt sie sogar eine Drehung über der Kiste. Der Zauberer löscht die Hypnose, und die Oma fällt in die Kiste zurück, aus der sie völlig verwirrt und an ihrem Gewand zupfend wieder hervorkommt.

In einer stabilen Holzkiste liegen ein Gewand und ein Paar Schuhe, die an zwei ca. 1 m langen Stäben befestigt sind. In der Kiste greift die Oma die Stäbe und bekommt vom Zauberer das Gewand übergezogen.
Sie dreht sich stehend auf der Kistenseite um ihre Achse. Beim Verlassen der Kiste läßt sie die Schuhe dort liegen . . .

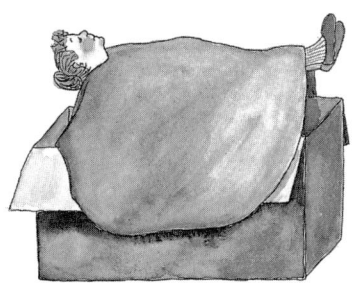

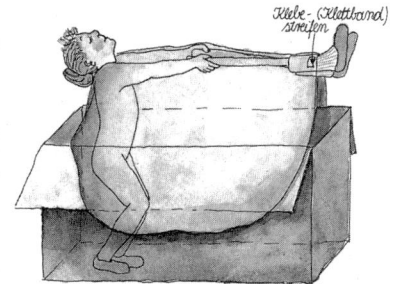

| Was die Zuschauer sehen: | Was sie nicht sehen: |

8. Der Solo-Zauberer

Ein Magier kommt gemessenen Schrittes herein, erklärt, daß er einen Zauberlehrling braucht. Er will sich einen beschaffen, spricht langsam, getragen einen Zauberspruch, entzündet rasch ein Bengallicht. Mit ausladenden Bewegungen dreht er sich schnell. Der Gewünschte steht neben ihm!

Der Zauberer trägt ein weites Magiergewand. Der unter dem Gewand Versteckte ergreift schon die Falten des Gewandes . . ., der Feuereffekt lenkt den Blick ab. Der Zauberlehrling windet sich aus dem Tuch und steht auf . . .

Solo-
Zauberer

9. Die Birne, die eine Apfelsine sein wollte . . .

Die Birne möchte gerne eine Apfelsine sein, der Zauberer verspricht zu helfen (aber: Schmerzhaft). Sie wird zugedeckt, Zauber, Zauber . . ., ein langer Spieß wird hineingestochen (Akupunktur), es knallt . . . und die verwandelte Birne wird wieder hervorgeholt. Die Apfelsine ist noch immer nicht zufrieden, will eine Regenwolke sein, will weinen können. Der Zauberer verspricht Hilfe (etwas genervt). Zauber, Zauber . . ., nimmt seine Nadel, sticht zu, als nichts passiert, zieht er den Spieß wieder heraus. Noch mal! Zauber, Zauber . . . sticht zu, und der Ballon verwandelt sich in Regen.

Zwei (Latex-)Luftballons ineinanderstülpen, den äußeren (dunkelgrün) und den inneren (gelb, evtl. mit Konfettifüllung) gemeinsam aufblasen, zubinden, den äußeren aber weiter aufblasen, bis der innere locker darin liegt, zubinden. Der Zauberer hält die präparierten Ballons in der Hand. Nur der äußere wurde zerstochen, und die Ballonreste fliegen weg . . .

Der Zauberer sticht in den oberen Mittelpunkt des gelben Ballons – dort zerspringt er nicht! Anschließend legt er sofort und unbemerkt einen Finger auf das Loch. Zuletzt sticht er an einer anderen Stelle, der Ballon zerplatzt und versprüht Konfettiregen . . .

die Birne

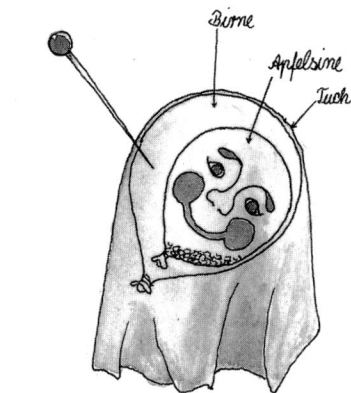

Birne

Apfelsine

Tuch

10. Die nackte Mettwurst

Zaubermeister und Lehrling, letzterer soll die Aufgabe erfüllen, eine Mettwurst zu bekleiden . . ., ein vom Lehrling hervorgezaubertes Rohrgewand wird der Wurst angepaßt. Der Meister prüft das Zauberstück, reicht es den Zuschauern zur Kontrolle . . ., der Lehrling will sich aber beweisen und der Wurst auch noch Arme verschaffen . . . Er zaubert zwei Arme hervor und durchsticht damit das Wurstgewand. Der Wurst ist nichts passiert, sie bedankt sich sogar höflich.

Der Gruppenleiter und der Lehrling haben ein Papprohr mit vier Löchern unter dem Tuch. Ein länglicher Luftballon wird in der Röhre aufgeblasen. Der Gruppenleiter bindet den Ballon zu . . .!

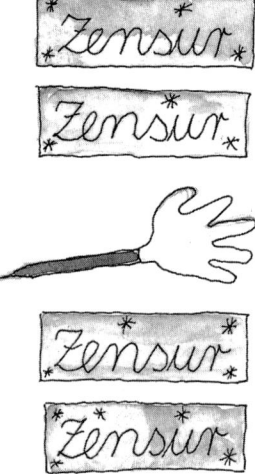

Arme für die Mettwurst

Gewand für die Mettwurst

* Zensur der Zauberer-Innung! Diese Zeilen können Sie nur bei dem Ehrenmitglied „Paletti" in Münster in Erfahrung bringen. Sinn und Zweck der geplanten Zaubervorführung angeben!

Maske – Schminke – Kostüm

Schminken

Viel Zeit und Phantasie darauf verwenden, individuelle Zauberertypen zu entwickeln.
Herkömmliche Typen: Hexe, Fee, Chinese, Mephisto, Magier, Miraculix, Druide, Medizinmann, Salon-Zauberer . . .;
nach diesem Typ auch das Kostüm aussuchen.
Beispiele für Auftrittsgarderobe:

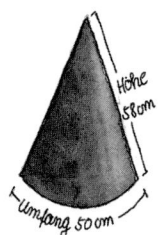
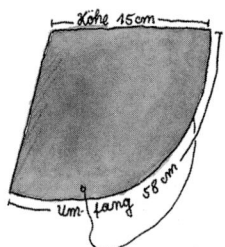

Spitzhüte

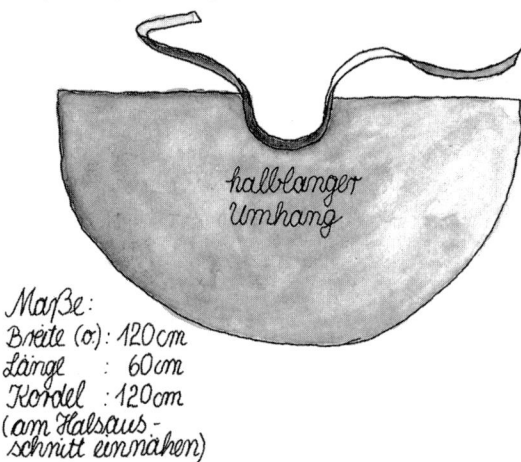

halblanger Umhang

Maße:
Breite (o.): 120 cm
Länge : 60 cm
Kordel : 120 cm
(am Halsausschnitt einnähen)

- leger-elegant: Frack, Zylinder, Fliege;
- magisch-geheimnisvoll: langer Spitzhut, langer, wehender Umhang;
- gespenstisch-hexisch: blaß-braune, dunkelfarbige Fetzen, Flicken, lange Röcke . . .

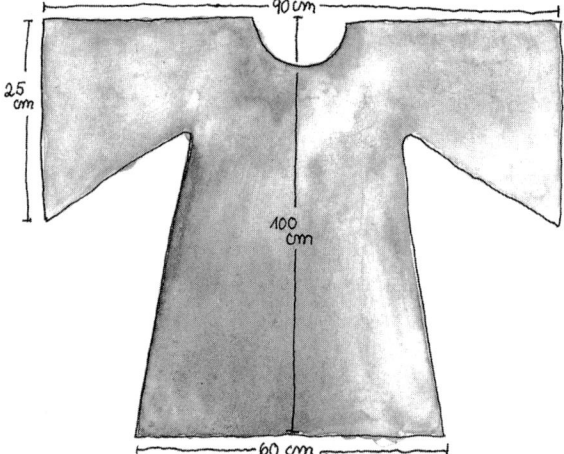

Spiele – Übungen

Kennenlernen

„Name und Bewegung" – im Kreis sagt jemand seinen Namen, macht eine Bewegung dazu, welche die anderen durch ein dreimaliges Bewegungsecho wiederholen, der nächste sagt seinen Namen usw. Im zweiten Durchgang mit Zaubersprüchen, Hexenflüchen und entsprechender Gestik, im dritten Durchgang mit Zauberkünstlernamen und entsprechender Bewegung – Verbeugungen, Haltungen verändern.

Bewegen

Abwechselnd ist jeder einmal ein besonderer Zauberer, er steht auf einer Kiste und hat eine Hexenrassel oder ein Zauberglöckchen . . . Wenn das Zauberding erklingt, erstarren alle anderen und werden vom Zauberer in Tiere, Maschinen, Pflanzen, bestimmte Menschen, auch in Medizinmänner, Magier, Hexen . . . verwandelt.

Üben

- Zaubersprüche erfinden und ihre Wirksamkeit erproben.
- Stellproben – wie muß ich wo stehen, damit niemand das Kunststück erkennt, aber alle genau sehen können, was sie sehen sollen!
- Tischprobe – gedankliches Durchgehen der Nummer, der Positionen, Handlungen, Sätze und Sprüche mit mehreren Künstlern.
- Deutliches Sprechen üben:
  Zwei Reihen Kinder stehen sich in einiger Entfernung gegenüber, auf der einen Seite stehen die Zaubermeister, jeweils auf der anderen ihr Lehrling. Dieser soll einen neuen Zauberspruch lernen und aufschreiben, den der Meister entdeckt hat. Alle Meister reden gleichzeitig.
  Oder:
  Die Hälfte der Kinder sind Roboter, die je einen Maschinisten haben. Von ihnen werden sie per Sprachfernbedienungsanweisungen durch die Gegend geschickt.
  Oder:
  Mit etwas Lakritze im Mund sprechen üben.
  Oder:
  Witze erzählen!

Literatur

W. Rydell, G. Gilbert: Das Große Buch der magischen Kunst. Lichtenberg Verlag
K. von Klinckstroem: Die Zauberkunst. Ernst Heimeran Verlag
Chr. J. Schröder: AOL-Zauberband. AOL Verlag
E. Kahlert, F. Kohlsaat: Zauberkiste. rororo rotfuchs

12. Wie siehst du denn aus . . .?

Über Schminken, Kostümieren, Maskieren . . .

Je farbloser, reizloser und erlebnisarmer unsere Lebensumwelt wird, um so größer wird auch das Bedürfnis, uns daraus hervorzuheben. „Design statt Sein!" – ist angesagt. Zwischen Gruppenidentität und Individualität entwickelt sich in allen Bevölkerungskreisen eine ausgeprägte „Styl-Lust".

Im Kinderzirkus, wo Zauberer durch Kleidungsmerkmale einen Geheimbund signalisieren und Clownscharaktere durch besondere Schminkgesichter herausgestrichen werden . . ., hat das Verkleiden noch eine tiefere Bedeutung.

Es ist unüber-seh-bar! Schminken, Kostümieren, Maskieren gehört zur ästhetischen Vollendung des Zirkusgeschehens unverzichtbar dazu. Wie eine schillernde Seifenblase ist es ein kurzlebiges aber intensives Erlebnis, mit faszinativer Ausstrahlung.

Sie rührt von den vielen reizvollen, sinnlichen Eindrücken, insbesondere von skurrilen, grellen, phantastischen, ungewöhnlichen Zirkusgestalten.

Kinder zeigen ungehemmt durch ihre Freude, wie sie das Spiel sinnlicher Veränderungen am eigenen Körper erleben. Darüber hinaus hat Schminken, Kostümieren, Maskieren für sie auch einen künstlerisch-ästhetischen Wert: Sie machen sich schön, putzen sich kraftvoll heraus, verfremden sich futuristisch, historisch und so weiter. Dabei spüren sie auch, wie es jetzt viel leichter fällt, eine bestimmte Figur, etwa ein Tier, darzustellen, jemand anderes als sie selbst zu sein. Manchmal genügt nur wenig, um diesen Eindruck zu schaffen.

Wer Gelegenheiten zu umfangreicher Kostümierung hat, sollte sie reichlich nutzen.

Übrigens: Nichts kann störender sein als ein „undekorierter" erwachsener Betreuer im Kinderzirkus!

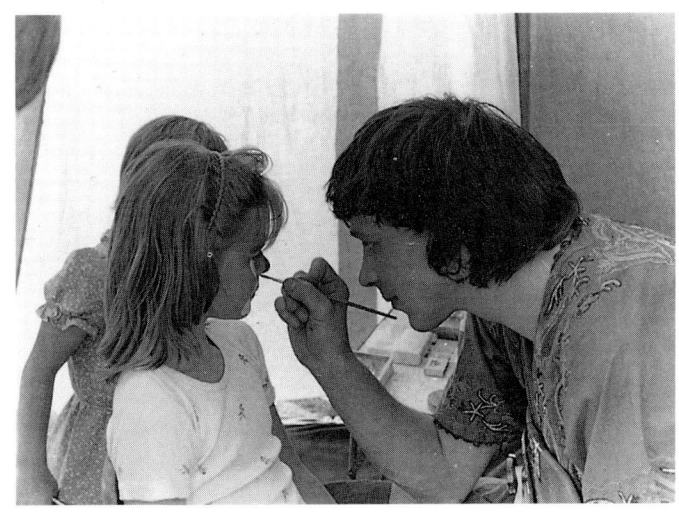

V. Zirkus im Lampen-Fieber
Oder: Vorbereitungen auf eine Circus-Show!

„Selbst die bescheidene Leistung kann in der Art ihres Zustandekommens einen Charme verbreiten, der sie dem Spitzenkönnen überlegen macht, weil sie ganz andere Dimensionen als die Suche nach der Supersensation bei ihrem Zuschauer anspricht: Anerkennung des Strebens, Mitgefühl bei kleinen Pannen, Identifikation mit dem Unvollkommenen und Berührtsein von den Erfolgserlebnissen anderer, die sich nicht an absoluten Maßstäben messen" (B. Claußen).

(Circus: Ein Stück traditioneller Alternativ-Kultur, in: Animation. Sept./Okt. 1985)

Bevor sich dieser Zirkus-Charme ausbreitet, wird noch einiges arrangiert und gestaltet werden. Während jetzt im Zirkusbüro angestrengt organisiert wird, sind auch die Artisten ganz aufgeregt bei der Arbeit . . .

1. Die Auftritte komponieren

In einer Zirkusvorstellung kann auf vieles verzichtet werden, auf die Artisten nicht! Sie zeigen unter ganzem Körper- und Phantasieeinsatz ihren Zirkus vor. Doch wie entsteht eine solche Vorführung? Um das Erlernte zu etwas Vorführbarem aufzubereiten, sollte in der Artistenarbeit genügend Zeit eingeplant werden. Zunächst ein paar Tips in Sachen

Kleine Dramaturgie

Diese Tips sind gültig für einzelne Programmnummern, als auch für die gesamte Galaplanung: Dramaturgie (Def.) – die Wissenschaft von den dichterischen Gesetzen des Dramas (lat. Geschehen, Handlung) und seiner Bühnenwirksamkeit.

Ein Geschehen besteht aus:
● Raum – Vorhang, Manege . . .
● Körper – Artisten, Requisiten
● Zeit – Gesamtzeit, Rhythmus

Das Geschehen „Zirkusvorstellung" soll:
– bewußt gebaut werden,
– den Zuschauer zum Mitgehen bewegen (dramaturgisch bauen!).

Der entscheidende Baustein:
Der Rhythmus des Gesamtgeschehens durch seine einzelnen Elemente.
Bevor es losgeht:
● Klarheit über die einzelnen Elemente (Proben).
● Eine(r) ist Spielleiter/in.

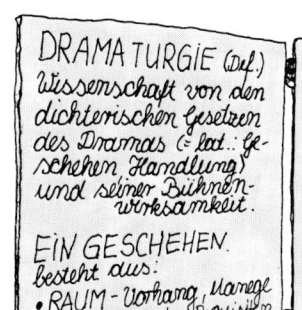

a) Welche Nummer kann der Höhepunkt sein? Festlegen! Vielleicht ist sie besonders effektvoll, spannend, phantastisch, lustig!?

b) Vom Höhepunkt aus, vorläufige Reihenfolge rückwärts bis zum Anfang planen.
Dabei berücksichtigen:

c) Der Anfang: Fetzig, überraschend, langsam einführend? Er muß dem Gesamtcharakter entsprechen!

d) Durchproben des so aufgestellten Programms vom Anfang bis zum Höhepunkt (siehe Proben). Weitere Veränderungen.

e) Abschlußnummer, etwa bei den Akrobaten eine Pyramide, um noch einmal alle Akteure zu präsentieren, anfügen, Verabschiedung, Abgang/Auszug, Zugabe (?), Finale, Schluß!

● Wieviel Zeit steht insgesamt zur Verfügung?

● Führen die einzelnen Elemente zum Höhepunkt hin?

● Ergibt es eine rhythmische Reihenfolge? Ausgewogener Wechsel zwischen: Schnell – langsam, Nervenkitzel – Entspannung, viel – wenig Sprache, spaßig – exotisch . . . und andere Gegensatzpaare.

● Sind Veränderungen an den einzelnen Nummern nötig, z. B. um einen Effekt noch nicht vorwegzunehmen?

● Emotionale –, ästhetische – und Spannungs-Wirkung beim Zuschauer bedenken. Atem holen für Zuschauer einplanen!

Der Spielleiter

Während der Bautätigkeit muß eine(r) die Zeichnungen kennen, also den Überblick haben, das ist der Spielleiter oder die Spielleiterin!

In der Artistengruppe kann die Regiearbeit von dem Betreuer – aber auch vom „Gesamt-Spielleiter" (Direktor/in oder jemand anderes) übernommen werden. Letztere(r) berät natürlich das Zusammenbasteln des Kunstwerks:
„Kinderzirkus-Gala!"

Das sind seine Aufgaben:

Verschaffe dir einen Gesamteindruck durch Teilnahme an Proben!

Entwickle Ideen zum Beginn der Vorstellung. Sie soll dem Zuschauer das Einfinden durch eine Einführung ermöglichen. Ideen zum Abschluß: Finale, Aufzug aller Artisten, Fest . . .

Bei den Proben sollte er/sie einerseits die Situation der Artisten (Lampenfieber, Können . . .), andererseits auch das Erleben des Publikums im Blick haben. Für einen Spielleiter, der zu einer Artistenprobe gebeten wurde, ist folgende Check- und Beratungsliste sehr hilfreich:

Probencheck!

1. Typus/Charakter des Ganzen:
2. Haltungen (besonders Körper-):
3. Positionen (Stand-/Lagerorte in der Manege):
4. Gestik/Mimik (als unterstützender Faktor des Gezeigten):
5. Bewegungen:
6. Stimme (Stimmlage, -volumen, -tempo):
7. Technik (Unterstützung durch Musik/Licht):
8. Dekorationen und Verkleidungen:
9. Requisiten (Wirkung, Umgang, Einsatz):

Wenn ein Spielleiter bei seiner Beratungstätigkeit „Profi-Begriffe", etwa bestimmte Probenarten, ein- und umsetzt, wird das oft nervende Wiederholen von Nummern zu einer interessanten, weil offiziellen und auch lustigen Angelegenheit.

Folgende **Probearten** können bis zur endgültigen Programm-Fassung zur Hilfe genommen werden:

1. Stell/Arrangierproben, Regelung der Auftritte, Positionen und Gänge

2. Szenenproben, Durchspielen einzelner Nummern aus dem Gesamtprogramm der Artistik

3. Durchlaufproben, Durchspielen des Gesamtprogramms, gleichzeitig verändern

4. Kostüm- und Technikproben, Erprobung des Einsatzes und der Wirkung von Kostümen/ Technik/Effekte

5. Durchsprechproben, Trockendurchgang, Vergegenwärtigung des Ablaufs, Texte sprechen, am Tisch

6. Generalprobe! Letzte, der Premiere gleichgestellte Probe

Auf keinen Fall darf das Proben überhand nehmen! Es sollte nur das Notwendigste und auch nur das, was Spaß macht ausgewählt werden! Außerdem wird selbst die Generalprobe „in einem anderen Licht erscheinen" als die Galavorstellung. Nervosität, äußerste Konzentration, Energieströme, Spannung . . ., das sind einige besondere Wirkkräfte, die es nur in der Gala gibt.

Zum Schluß heißt es noch:

Eine runde Sache machen
z.B.: Gemeinsam einen Gruppennamen erfinden, davon Ideen zu einheitlichen/ähnlichen Verkleidungselementen ableiten, davon den Gesamtcharakter des Nummern-Programms, die Dekoration der Requisiten, den Musikeinsatz, das Licht... ableiten

Der folgende Info-Zettel kann vor der Gala an alle Artistengruppen verteilt werden. Sie geben ihn ausgefüllt an den Organisations-/den Spielleiter zurück, damit daraufhin die an der Gala sonst noch mitarbeitenden Personen (Direktor, Techniker . . .) instruiert werden können.

Info der Zirkus-Gruppen zur Gala

①   * Artisten-Gruppe: _____

      * Ankündigungsname: _____

②   * Anregungen/Stichworte
      zur Ankündigung/   _____
      Kommentierung der
      Nummer: _____

③   * Dramaturgischer Aufbau: _____
      (ruhig, exotisch, spannend,
      fetzig . . ., von – über – bis –)

      * Dauer der Nummer: _____

④   * Beleuchtung – Beschallung – Orchester – Wünsche:

Teil der Nr.:	Beleuchtung	Beschallung	Orchester

⑤   * Umbaupause nötig?   ○ vor/nach der Nr.   Dauer: ca. _____ Min.

      * Manegenhelfer nötig? ○   Hilfestellung (während der Nr.) nötig? ○

      * Auftritt beginnt –   durch den Hauptvorhang ○,   mitten im Publikum ○,
                                 über die Seitengänge ○,   die Orchesterbühne ○

 ⑥   * Weitere Infos an die Regie: _____

Arrangieren

Ein paar ausgesuchte Auftrittstips in letzter Minute

- Wenn alle Artisten erscheinen sollen, auf Reihen- und Schrittfolge achten!
- Die vorgesehene Musik setzt genau mit dem Öffnen des Vorhangs ein!
- Wenn die Nummer mit einzelnen Artisten sofort beginnen soll, zumindest den Abschluß gemeinsam machen.
- Das Eintreten in die Manege, entspricht dem Charakter der Nummer/des Programms, z. B. kommt eine Tänzerin nicht wie ein Kraftmensch herein . . .

- Laut, langsam, deutlich sprechen, nicht schreien!
- Notfalls: Mikro benutzen, Erwachsene sprechen lassen oder Sprache ganz weglassen.
- Das gesamte Publikum ansprechen und dabei hinsehen!
- Erklärungen sind kurz und bündig!
- Ausrufe (z. B. Ruf: „Paletti?" – Antwort: „Yeah!") können einen energiebeladenen lustigen Beginn/ Abschluß einer Nummer/eines Programms bilden.
- Kurze Kommandos (laut oder leise) können zur Ausführung einer schwierigen Übung anfeuern und sie erleichtern, z. B. „Allez-hopp" oder irgendein Phantasiewort.

- Bei keiner Übung, sei sie noch so klein, die Verbeugung vergessen.
- Zum Abschluß eines Nummernprogramms bietet sich eine besondere Verbeugung der Artistengruppe an, synchron, gestaffelt . . .
- Auf eine gute Verbeugung Wert legen, sie ganz ausführen, mit fließenden, langsamen Bewegungen.
- Verbeugungen entsprechen dem Typ, dem Charakter der Nummer.
- Verbeugungen symbolisieren: „Danke, für die Aufmerksamkeit! – Für ihre Anerkennung!" und: „Die Übung ist beendet!" Damit sind sie ein ordnendes Glied im ganzen Programm.

- Sich in Positur bringen heißt z. B., langsam, nach ästhetischen Gesichtspunkten ein Aktionsbild zusammenbauen oder sich präsentieren (nicht verstecken), präsentieren lassen (hinweisende Gesten!).
- Betreuer und Assistenten stehen seitlich (Sicherung) beim Akteur, können so schnell nach vorn und hinten, verdecken den Akteur nicht.
- Möglichst die ganze Manege ausnutzen. Zentrales findet in der Manegenmitte statt. Besondere Nummern erfordern besondere Positionen, z. B. beim Zaubern.
- Sich immer dem Publikum zuwenden!
- Requistiten in der Manege haben genau bestimmte Positionen, verringert Suchen und Stolpergefahr!

- Auch ein Abgang sollte eindrucksvoll sein – nicht irgendwie/irgendwo herausschlendern . . .!
- Geschlossen herausgehen oder, je nach Nummer, „rauslaufen".
- Nicht lange hinziehen, es sei denn, das Publikum will die Akteure immer wieder sehen . . .! Zugabe?

und Ausrutscher müssen passieren, sind kein Störfaktor, vielmehr wichtiges Spannungselement. Trotzdem kann geprobt werden, wie solchen Ausrutschern durch das Einfügen von Verbeugungen, Abbruch und Neubeginn einer Übung vorgebeugt werden kann.

ist das Geschehen hinter dem Vorhang unauffällig, leise und ruhig verlaufen. Wenn es auch „juckt", nicht hier und da „hervorlinsen". Das Programm in der Manege muß sich ungestört entfalten können!
Die nächste Auftrittsgruppe wartet schon hinter dem Sattelgang auf ihre Ankündigung! Der Sattelgang ist bis dahin nur der gerade auftretenden Gruppe vorbehalten.

Die letzten fieberhaften Vorkehrungen für die Zirkusvorstellung.

*Anfrage an das
Organisationsbüro*

Ist alles klar für die Gala heute?
● Sind die Einladungen an die Eltern, Kinder . . .
  raus?

zirkus PALETTI bricht ein

Kreativ-Haus, Diepenbrockstr. 28, 44 Münster

mit der phantastischen, unglaublichen, schaurig-schönen

GALA Vorstellung

am
Donnerstag, 16.30

am
Zum-Sandeplatz / Kreativ-Haus

HERZLICHE EINLADUNG AN ALLE!!

ZIRKUS PIPAPO

Das sensationelle Gala Programm

1. Einzug
2. Die Sholini's und Clownesse 'Klingeline'
3. Hypnotiseur Rumpum und die Teufelsmagier
4. Die schwebenden Seiltanzköniginnen
5. Flitzefeuer, Quatschi und Blacki
6. Die fetzigen Schnick-Schnack-Stelzenroller
7. Indianerstamm 'Roter Pfeil'
8. Pepina und Esmaralda - Der Ritt auf der tanzenden Giraffe
9. Die 8 Muskeltiere
10. Der Gummi-Big-Band-Blues - mit Tanz
11. Durchsichtig und Feuerwerk - Fakir

FIN-★-ALE

● Wird die Presse kommen?
● Ist alles bereit für den Umzug?
● Sind die Eintrittskarten fertig?
● Sind die Programme geschrieben, gedruckt?
● Wird dokumentiert, per Foto, Video?
● Sind alle Posten besetzt, die Leute instruiert?
● Ist der Vorhang (sicher?), die Manege, der Zu-
  schauerraum vorbereitet?
● Sind alle Dekorationen fertig?
● Sind die Requisiten gut untergebracht?

- Gibt es eine Garderobe und einen Schminktisch hinter dem Vorhang?
- Sind die technischen Anlagen o.k.? Wo sind die Sicherungskästen?
- Sind Vorkehrungen gegen Brandgefahr getroffen?
- Wurde an Erste Hilfe gedacht?

Der Tat-Ort!

Ortsbezeichnungen:

① Rundleinwand (Laken, Folien, Tischpfosten)
② Kassenhaus (s. Bauanleitung)
③ Haupteingang (Pfosten, Sperrholzbogen, Gardinen)
④ Notausgänge
⑤ Zuschauerränge/Gradin, Bohlen auf Bierkästen, Stühle, Biergartenbänke, Turnbänke, Turnmatten
⑥ Spot/Verfolger, evtl. Vorbühnenscheinwerfer
⑦ Breitstrahler

⑧ Orchestertribüne, etwas erhöht
⑨ Technik-Zentrale: Musikanlage, Steuerpult, ...
⑩ Hauptvorhang mit Paradeschild
⑪ Sattelgang (mit Seiten- und Hintervorhang)
⑫ Requisitenlagerplätze, Garderobe, Schminktisch
⑬ Artisteneingang
⑭ Artistenrang - vom Zuschauerraum getrennt
⑮ Piste/Manegenelemente
⑯ Manege mit Teppich, Sägemehl, o.ä.

114

Requisitenlagerung

- Geeignete Plätze finden sich meist rechts und links hinter dem Vorhang, an den Seitenabspannungen;
- besonders sperrige Requisiten, wie Hochsprungmatten, Schwebebalken, sollten ganz nah am Vorhang, bzw. der Manege untergebracht sein;
- die Requisiten sind am besten gruppenweise, in der Reihenfolge ihres Gebrauchs gelagert, dazu am Boden Felder durch Klebestreifen abkleben.

Für Garderobe,
die kurzfristig an- oder abgelegt werden muß, bietet sich ein Kleiderständer und Tisch an,
ebenso sollte es eine Möglichkeit zum Nachschminken geben.
Eine Betreuung der Requisiten hat sich bewährt: Gegen allzu Neugierige schützen! Mithilfe als Requisitenträger und bei kleinen Vorbereitungen, etwa dem Entzünden von Wunderkerzen . . .

Wenn die technischen, finanziellen und personellen Möglichkeiten mehr erlauben, können geeignete Scheinwerfer, etwa wie auf der Zeichnung, aufgestellt werden. Wenn möglich sollten sie, zumindest aber der Spot, individuell von einem „Lichttechniker" gesteuert werden. Die Bedienung kann dann sogar noch durch Dimm- und Schaltmöglichkeiten an einem selbstgebauten, einfachen Steuerungspult erweitert werden. Bunte Folie für farbiges Licht einsetzen! Für sichere Stative und Aufhängungen sorgen – gegen Umkippen und Verstellen sichern.

Die Kabel

der Licht-Tonanlagen sollten an Wänden und der Piste entlang am Boden festgeklebt werden. Falls sie Gänge kreuzen, müssen sie deutlich sichtbar in voller Länge am Boden verklebt werden. Anschlußstellen von Verlängerungskabeln so ineinander verknoten, daß sie nicht auseinandergerissen werden können.

Licht- und Tontechnik

Die Stereoanlage

Kassettenrecorder, Verstärker, Mikrofonanlage . . . (je nach Größe des Zirkus!), rechts oder links neben dem Hauptvorhang plazieren. Von hier aus auch die Anlage bedienen. Die Boxen so aufstellen, daß sie ungehindert den Zuschauerraum beschallen können.

Die Beleuchtungskörper

sollten zunächst vor allem für eine helle, schattenfreie Ausleuchtung der Manege sorgen können.

Mögliche Scheinwerfer und ihr Einsatz

a) Breitstrahler (Lichtkapazität bis 500 Watt)
Ungebündeltes Licht, dient dem Aufhellen flächiger Objekte, zusammen mit weiteren Scheinwerfern der gleichmäßigen Gesamtausleuchtung;
Ausstrahlung über den Köpfen der Akteure, nach schräg unten, Ausstrahlungsflächen überschneiden sich;
Einsatz als Frontlicht auch möglich, bewirkt allerdings starke Schatten im Hintergrund und sind dann eine Konkurrenz zum eigentlichen Geschehen (!), Einsatz auch zu Gegenlichtprojektionen von Bodenhöhe und vom Manegenhintergrund.

b) Vorbühnenscheinwerfer (bis 1000 Watt)
Gebündeltes Licht auf die anvisierten Objekte, Lichtkegelduchmesser ist verstellbar;
starke Leuchtkraft, hebt wichtige Spielszenen/ Elemente aus dem Gesamtgeschehen hervor;
je nach Standort ist der Ausdruck von Objekten und Darstellern veränderbar:
● frontal – flächige Wirkung,
● hintergründig – harte Schwarz-weiß-Zeichnung im Gegenlicht,
● seitlich – modelliert, plastische, ausdrucksstarke Erscheinungsbilder.

c) Verfolgerscheinwerfer (bis 2000 Watt)
Kräftiger gebündelter Strahl, beleuchtet konzentrierte, wichtige Spielpassagen;

wird selten statisch gebraucht, markiert Höhepunkte, hebt Bedeutung von Personen und Gegenständen hervor.

Diese Beleuchtungskörper kommen natürlich ausschließlich in geschlossenen Räumen, im geschlossenen Zelt zum Einsatz. Das natürliche Licht in entsprechender Umgebung, wie auf Wiesen, zwischen Bäumen und Sträuchern, . . . hat seine eigenen, hervorragenden Reize!

Kaufen?
Einfache Halogenstrahler (250–500 W) gibt es schon für ca. 50 DM. Andere geeignete Scheinwerfer sind ziemlich teuer. Kauftips und Ausleihmöglichkeiten: siehe Anhang!

3. Die Mitstreiter der Gala

Eine ganze Reihe von Personen/Gruppen zählt, neben den Artisten, zu den wichtigen Mitgestaltern einer Zirkusvorstellung. Weil ein kleiner Kinderzirkus natürlich nicht viele Mitarbeiter „beschäftigen" kann, werden die meisten Posten von wenigen gleichzeitig wahrgenommen werden müssen. Dieser Ämterhäufung kann dann zumindest optisch begegnet werden, etwa durch den rasanten Wechsel von symbolischen Verkleidungselementen: Hüte, Bärte . . . Manche Positionen sind nicht miteinander zu vereinbaren, allerdings nur wegen des Arbeitsaufwandes und der erforderlichen Präsenz. So etwa kann der Direktor nicht gleichzeitig ein Roady sein!

Zirkus-Direktor/in

Im Kinderzirkus hält er/sie alles zusammen und ist deshalb die ..."most important person"...

Seine oder ihre Funktionen:

Vor der Gala

- Hat den Gesamtablauf im Kopf,
- hält Kontakte zur Öffentlichkeit: Presse, Fans, Einladungen, Unterschriften . . .
- ist die ganze Zeit sichtbar verkleidet, Repräsentationsfigur des Zirkus,
- sammelt Zeitungsberichte, Fotos, Plakate . . . für „später",
- kümmert sich um spontan auftretende Probleme, organisiert Lösungen,
- ist die offizielle Verbindungsstelle zwischen Kindern und Erwachsenen,
- führt eventuell 1–2 Kinder als Direktoren ein, er/sie selbst ist dann der Co-Direx!
- Hat vielleicht ein Direx-Büro als Anlaufstelle!?

Während der Gala

- Garantiert den Gesamtablauf,
- schafft die Verbindung zum Zuschauer durch:
  - Begrüßung des Publikums,
  - Schaffung der Vorführungsatmosphäre,
  - Ankündigung und Verabschiedung von Artisten,
  - geschickte Animation des Publikums zum Mitmachen und Mitklatschen,
- setzt Artisten in Szene, läßt sie zu Wort und Aktion kommen,
- ist Partner von Clowns und anderen während einer Nummer,
- füllt kleinere, größere Lücken spontan,
- holt Artisten bei anhaltendem Beifall wieder in die Manege!
- Co-Direx-Rolle: hilft aus, schafft durch freundlichseriöse Art Ruhe, wiederholt geschickt, was vom Publikum nicht verstanden wurde . . .

Insgesamt versucht er, der seriöse und ruhende Pol des „Bunten Treibens" zu sein!

Das besondere Talent

Abgesehen von Gesten und Minenspiel, sind natürlich seine oder ihre Sätze und Sprüche maßgebend.

So etwa zur . . .

Begrüßung der Kinder

„Hochverehrte Kinder . . ., ich begrüße Euch ganz herzlich hier im Zirkusrund . . . – herzlich willkommen im Zirkus Pipapo . . . – ich muß schon sagen: Alle Achtung! Herzlichen Glückwunsch zu Eurer Entscheidung, Zirkuskinder zu werden . . . – wir werden Euch ab heute als Zirkusmitarbeiter aufnehmen . . . – wir werden zusammen einen waaahnsinnig tollen Zirkus aufziehn . . .!"

Begrüßung der Zuschauer

„Hochverehrtes Publikum, liebe Gäste . . . – heute haben wir besondere Zuschauer auf den Rängen . . . Ich heiße Sie auf's herzlichste willkommen, liebe Eltern, Freunde, Tanten, Onkel, Nachbarn, alle anverwandten und unbekannten Fans der Zirkuskinder . . . – ladies and gentlemen, jetzt ist es soweit . . . – wir präsentieren sie Ihnen . . . die große Show der kleinen Superstars . . . – in wenigen Sekunden öffnet sich der Vorhang für die phantastische Gala-Vorstellung des Zirkus Pipapo . . .!"

Während der laufenden Nummer gibt er außerdem Informationen über das Projekt, bedankt sich bei Kindern und Erwachsenen, bei Spendern und hilfsbereiten Menschen . . . und:

Er kündigt die Artisten an und verabschiedet sie. Wie er das macht, kann man in dem Kapitel über die Artisten nachlesen!

Die Kleidung und Diverses

Profil: individuell, aber seriös oder chic, sportlich-chic oder abgerissen!

Dazu gehört ein Frack mit Schwalbenschwanz oder Jacket, ein weißes Oberhemd, eine Bügelfaltenhose und große Fliege, Papierblumen am Revers, ein schwarzer Zylinder(chapeau claque), Lackschuhe, chice Sportschuhe, weiße Handschuhe . . . Schminken nicht vergessen!

Ein(e) Direktor(in) hat immer etwas in der Hand: Einen glänzenden Stab, eine Plastikblume, die Handschuhe, den Programmzettel, einen Schellenkranz, ein Mikrofon, eine Flüstertüte . . .

Platzanweiser/in

Die Platzanweiser treten kurz vor der Gala, mit Beginn des Einlasses in Aktion!

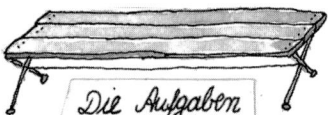

Die Aufgaben

- Erwartet die Gäste,
- verhilft zu günstigen Plätzen – Kinder vorn, Erwachsene hinten,
- hält frei – für Kinder – die Artistenplätze (!) – die Gänge und Fluchtwege,
- organisiert zusätzliche Sitz-/Stehmöglichkeiten,
- verhindert das Bersten des Raumes
- und das Betreten der Manege, der Kulissen, des Raumes hinter dem Vorhang,
- das Herumspielen an vorbereiteten Requisiten
- und das Sitzen auf der Manegenumrandung,
- geleitet behinderte, alte, junge Menschen zu ihren Plätzen!

Die Verkleidung

Als Zirkusangestellter, entweder chic, z. B. im Anzug mit roter Fliege, oder leger, z. B. mit auffälliger Wollmütze, Turnschuhen, Pullover, oder als Zirkusarbeiter, so kann er gleichzeitig Manegendiener sein, z. B. mit einfarbiger Latzhose, Schirmmütze, Button.

Die Worte

In sehr höflichem Ton: „Darf ich die Herrschaften hierher bitten, . . . meine Dame, mein Herr, ich sehe dort drüben noch einen fabelhaften Platz, . . . wenn Sie so freundlich wären, ein wenig zusammenzurücken, usw., bla, bla . . .

Das Requisit

– wenn es dunkel ist!

Kassierer/in und Ausrufer/in

Circus Sowieso gibt sich die Ehre ... gestern gastierten wir noch in Tokio und heute hier ... großes Zirkusspektakel – hier und heute ... attentione, attentione – in wenigen Minuten ist es soweit ... Spiel, Spannung, Nervenkitzel ... Attraktionen, Sensationen aus aller Herren Länder ... Sie werden diesen Tag ihr Leben lang nicht vergessen ... attentione, die phantastische Zirkus-Show beginnt ...!"

Roadies

... oder auch Manegendiener, Requisitenträger!

Beide müssen sein, denn erstens kosten tolle Sachen immer eine Kleinigkeit, und zweitens sollte das Zirkusgeschehen schon hier draußen vor dem Eingang beginnen.

Der/die Kassierer/in

verkauft Eintrittskarten und Plakate, verteilt Programmzettel, hat eine Geldkassette mit genug Wechselgeld, vielleicht einen Stempel oder Schminke, – um Buchstaben, Zahlen, Zeichen ins Gesicht des Zuschauers zu malen (!?), ist auf jeden Fall verkleidet und sitzt vielleicht sogar in einem schmucken Kassenhäuschen neben dem Eingang!

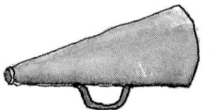 *Der/die Ausrufer/in*

kann das alles auch machen, dann aber stehend, oder mit einem Bauchladen. Ansonsten ist er ganz doll verkleidet und RUFT-AUS:
„Hereinspaziert, hereinspaziert, meine Damen ... ein einmaliges Zirkusvergnügen wartet auf Sie ...

Das sind die Zirkusarbeiter, die vor, während und nach der Gala für sämtliche, wichtigen Helferarbeiten zuständig sind:
Requisiten vorbereiten, 'ranholen, in die Manege bringen, benutzte Requisiten schnell und unauffällig wegräumen, Teppich aus-, einrollen, Manege reinigen, - fegen, Vorhang öffnen, - schließen;
Zusatzaufgaben:
- Zirkusfeuerwehr – Wassereimer, Decken, Feuerlöscher bereithalten!
- Ersthelfer – Verbandskasten an Ort und Stelle!
- Hilfestellung – bei besonders schwierigen Übungen!

Roadies sind eindeutig als Zirkusarbeiter, vielleicht als Kraftmenschen verkleidet, sie sollten nicht in einem Auftrittskostüm von Artisten auftreten (Bild-Störung!). Roadies sind stumm aber nicht dumm! Sie müssen nämlich das gesamte Programm und den Gebrauch der Requisiten, deren Lagerung, Positionen und Sicherung im Kopf haben!

Die Licht- und Ton-techniker/innen

Auch sie müssen natürlich peinlich genau über das Nummernprogramm, die wichtigsten Einzelheiten der Nummern und über die gewünschten Licht-, Tonverhältnisse informiert sein. Sie sollten allerspätestens bei der Generalprobe in der Manege mitwirken!

Es wär auch nicht schlecht, wenn sie wüßten, wo die Sicherungskästen sind und wenn sie einen Werkzeug-Ersatzteilkoffer dabei hätten, mit Lötkolben, Schraubenziehern, Ersatzkabeln, Ersatzbirnen usw.

4. So ein Theater!

Die Bedeutung der Zirkusarbeit als Theaterarbeit

Das Zirkusspiel der Kinder ist Theaterspiel schon deshalb, weil es nicht darum geht einen echten Zirkus auf die Beine zu stellen.

Ob diese Theaterarbeit nun eine Woche oder einen Tag lang dauert, der Form nach ist sie ein *dynamisches Geschehen*. Es beinhaltet einen gespielten und erarbeiteten Teil eines erdachten Zirkuslebens und muß der Zirkusvorstellung gegenüber gleich wichtig genommen werden.

Es handelt sich hierbei nicht um wirklichkeitsfremdes Nach-Spielen von Kindheitsträumen der Erwachsenen. Vielmehr geht es um Spiel-Zeit für Kinder. Jedes einzelne von ihnen sollte in diesem Theaterspiel den Raum für die Entdeckung von eigenen, oft unerwartet neuen Talenten und Fähigkeiten erhalten. Darin kann es sich selbst neu erleben.

Soziales Lernen und Handeln, die Entfaltung der Persönlichkeit durch das Hervorheben individueller kreativer Möglichkeiten, Erfahrungen über die Bedeutung von Körperausdruck und Sprachausdruck als Vermittler und Träger von Emotionen, Stimmungen, Interessen und Beziehungen – das sind nur wenige Stichworte zu diesen Möglichkeiten.

Die Zirkusvorstellung ist das herausragende Kulturprodukt des Zirkus und immer ein „starkes Stück"! Als Abschluß der Arbeit darf diese Vorstellung natürlich nicht fehlen. Jetzt sind es die Kinder die im Mittelpunkt stehen. Ihr Spiel wird ernst und wichtig genommen. Über den Erfolg und Mißerfolg, über die Anerkennung und Selbstbestätigung machen sie weitere tiefgehende Erfahrungen.

Die Rolle des Pädagogen muß es sein, die Kinder bei ihren positiven und negativen Erfahrungen zu begleiten.

Ungeachtet dessen ist die Zirkusvorstellung, sind ihre Nummern und Aktionen nicht anders, als ein wertvolles, eigenständiges „Kunst-Stück". Die Aufführung ist Theaterkunst von Kindern und das ist sie sogar unabhängig von pädagogischen Absichten und Zielen.

Dieses Stück wird erst durch die spannungsgeladenen Beziehungen zwischen Akteuren und Zuschauern lebendig. Wenn die Kinder das Erlernte zur Aufführung bringen, werden die Zuschauer emotional, sinnlich, phantasierend, überlegend und durch Mitmachen beteiligt. Erst dann, wenn Beifall und Anteilnahme, Beängstigendes und Komisches, Anspannung und Erleichterung, Überraschung und Verblüffung in diesem Stromkreis fließen, dann wird Zirkus zu dem Ereignis, das unter die Haut geht!

VI. Zirkus und kein Ende?

Kulturpädagogische Perspektiven mit und ohne Zirkus

Die Umsetzung der bisher beschriebenen Projektarbeit in die Praxis wird sich nach den jeweiligen Bedingungen „vor Ort" richten müssen. Deshalb gibt es auch im ersten Kapitel dieses Abschnittes noch ein paar Anregungen für weitere Einsatz- und Arbeitsmöglichkeiten des „Zirkus". Für eine spezifische Arbeit müssen sie natürlich noch konkretisiert werden.

Weil es nicht immer Zirkus sein muß (!), folgen im zweiten Kapitel Vorschläge für andere kulturpädagogische Aktionen. Denn Zirkus ist zwar besonders geeignet, aber es ist nur ein Thema von vielen weiteren Möglichkeiten. Ein großer Teil der Inhalte und Methoden, die in diesem Buch im Zusammenhang mit Zirkus-machen vorgestellt wurden, können dabei zur Geltung kommen.

„Zirkus" sollte nicht gemacht werden, wenn beispielsweise gerade aktuellere Themen anstehen, wenn er entgegen den Möglichkeiten von Orten und Bedürfnissen von Menschen „aufgesetzt" werden muß oder wenn ganz andere künstlerisch-handwerkliche Techniken, als die in der Zirkusarbeit verwendeten, sinnvoll erscheinen.

Kulturpädagogisches Handeln lebt von einer Themenvielfalt und Vielgestaltigkeit. Sie entwickelt sich schon, wenn die Möglichkeiten der verschiedenen bestehenden Spiel-, Arbeits- und Lebensräume der Menschen aufgegriffen, herausgearbeitet und eigensinnig weitergestaltet werden.

Für eine solche Arbeit mit Kindern sollten meiner Meinung nach folgende wichtige Regeln berücksichtigt werden:

1. Freiheit von Leistungsdruck
2. Keine Herrschaft sondern Partnerschaft zwischen Kindern und Erwachsenen
3. Freiwillige Teilnahme für alle
4. Großes Maß an Selbstbestimmung und Mitbestimmung für Kinder
5. Lust und Spaß müssen für alle Beteiligten gewährleistet sein
6. Künstlerisch-handwerkliche Techniken einsetzen, einerseits um sie erlernen zu können, andererseits um durch sie „verstehen" und „verändern" lernen zu können.
7. Alle Sinne ansprechen, z. B.: Musik und Tanz nicht vergessen, eine ästhetisch-harmonische Atmosphäre schaffen, mit Herz, Hand und Verstand gleichermaßen arbeiten
8. Themen und Orte suchen, finden, aufbereiten und mit Kindern erarbeiten, die in diesem „Sinne" (s. 6./7.) zur Auseinandersetzung und zum Eingreifen anregen
9. Vorzeigen (Kontakt zur Öffentlichkeit!) und feiern, was vorbereitet und erspielt wurde!

Die nächsten Kapitel werden all das durch viele Anregungen veranschaulichen!

1. Circus all around

Zirkus mit Kindern kann noch mehr und ganz anders sein! Eine Reihe von erprobten und möglichen Ideen ist hier aufgeführt:

a) Zirkus in der Schule

Es gibt inzwischen eine große Zahl praktischer Erfahrungen und schriftlicher Reflexionen (zur Vertiefung s. Anhang!).

Unterricht zum Themenkreis Zirkus

Er bietet eine große Chance zu motiviertem und spielerischem Lernen, mit dem Ziel, der Zirkuskultur von verschiedenen Seiten her auf die Spur zu kommen.

Der Unterricht kann eine Einzelstunde, aber auch eine Unterrichtseinheit umfassen. Das Thema muß dazu aber auf seine Möglichkeiten und seine Realisierbarkeit für die Klasse hin geprüft werden. Eine kurzfristig angelegte Unterrichtseinheit, parallel in verschiedenen Fächern durchgeführt, aber auch die Einladung eines kleinen Wanderzirkusses eignet sich zur Vorbereitung auf ein Schulfest oder eine Projektwoche zum gleichen Thema.

Zirkus als fächerübergreifendes Thema

Sport – Akrobatik, Jonglieren, Balancieren, Tanz . . .

Musik – Zirkusmusik hören, machen, Tanz, Gesang

Deutsch – alte Zirkusplakate, Programme-, Einladungen schreiben, Reportage in einem Zirkus machen, Zirkusgeschichten lesen

Kunst – bildnerisches Gestalten von Zirkusplakaten, Werbeflächen, Kulissen, Requisiten . . .

Mathematik – Kostenkalkulationen, Berechnungen zu Entwürfen von Requisiten, Kulissen . . .

Sach-, Sozialkunde, Religion – Zirkusbesuch, Lebens- und Organisationsweise der Zirkusleute, Lebensanschauung, soziale Situation, Diskriminierung . . .

Geschichte – Ursprünge und Geschichte der Zirkuskultur und Zirkuskunst . . .

Textil/Werken – Entwerfen, Bauen von Kulissen, Requisiten, Instrumenten, Entwickeln und Herstellen einfacher Kostüme . . .

Zirkus als Schulfest

Es kann beispielsweise in Arbeitsgemeinschaften, an Nachmittagen, in Frei- und Vertretungsstunden vorbereitet und mit einem Jahrmarkt, mit Ausstellungen und Aufführungen von Eltern, Lehrern und Schülern durchgeführt werden.

Zirkus im Schullandheim

Dieses einrahmende Aktionsthema kann je nach Bedürfnis einen unterschiedlichen Stellenwert einnehmen. Er bietet Möglichkeiten, das Zirkusleben intensiv und spielerisch nachzuempfinden. Beispielsweise durch Organisations-, Alltags-, Rollen- und Positionsspiele zum Thema Zirkus!

Zirkus als Projektwoche

Gerade die Grundschule bietet sich für diese Arbeit an. Eine Woche lang kann die pädagogische Bedeutung der Arbeit mit den Zirkuskünsten besonders deutlich erfahren werden!

Elemente der Vorbereitung für Lehrer und Eltern können sein:

Informations- und Ideensammlung – möglichst praxisnah, Artisten oder Mitarbeiter aus bestehenden Kinderzirkussen einladen, einen Projektrat mit Schülern gründen, Unterricht und AG's darauf ausrichten, Schulhof- und Pausenaktionen durchführen, ebenso Ausstellungen, Wettbewerbe etc.

Kurz vorher Geschichten schreiben, Bilder malen, Dekorationen anfertigen.

Zeitplan einer Zirkuswoche:

Kinderzirkus in der Schule – Plan einer Projektwoche

Zeit	Montag	Dienstag	Mittwoch	Donnerstag	Freitag
8.00 8.30	Umzug durch Schule und Klassen, kleine Vorstellung	Gemeinsames Aufwärmen durch Großgruppenspiele, Ausdrucksübungen, Lieder, Zirkusritual . . .	Gemeinsames Aufwärmen . . . (wie Dienstag)	Gemeinsames Aufwärmen, Bewegungsspiele, Zirkusritual Kleingruppenarbeit	Gemeinsames Treffen, Zirkusritual Letzte Vorbereitungen in/an der Manege, in der Artistengruppe Schminken und Verkleiden . . . Umzug durch Stadtteil
9.00	Animationen und Aufteilen der Schüler in Zirkusgruppen	Kleingruppenarbeit	Kleingruppenarbeit	letzte Arbeiten an Kostümen, Requisiten, Stimmtraining . . .	
10.00	– PAUSE –				
10.30 11.00	Kleingruppenarbeit: Räume aufsuchen, Kennenlernen, Nummern/Artistik vorstellen, Geschichten erzählen, Ideen entwickeln etc.	Kleingruppenarbeit Einstudieren eines kleinen Programms	Kleingruppenarbeit Auftrittsübungen . . .	Vorbereitungen für die Generalprobe GENERALPROBE	Einlaß der Besucher, Eröffnung des Zirkuscafés, Informations-, Verkaufs- und Spielstände, Beginn der GALA-VORSTELLUNG
11.30 12.00 12.30	Film: „Der Zirkus kommt!" o. ä. Abschluß	erste kleine Übungsvorstellung Abschluß	Kostüme, Requisiten erfinden, machen, Musik aussuchen Videofilm: „Zirkus Roncalli" Abschluß	Pressekonferenz gemeinsame Auswertung der Generalprobe	

Nachmittags: Projekterat, Regie, Material, Reflexionsgespräche mit Lehrern, Gruppenleitern, Eltern

Gemeinsamer Abschluß, Abbau

Die Zirkusarbeit in einer Projektwoche bietet für alle Beteiligten verschiedene attraktive Erfahrungen:
Sie fördert das Verständnis und die Zusammenarbeit von Eltern, Lehrern und Schülern füreinander, in bezug auf die Belange der Schule und in bezug auf die „vergessenen" Formen und Inhalte von „Zirkus". Sie schafft Möglichkeiten zur Verschiebung, Umwertung und Reflexion von Autoritätsstrukturen, schulischen Bewertungsmaßstäben, Unterrichtsformen und -methoden einerseits und andererseits neue schulische Inhalte.

Kinder stellten eigenes Zirkusprogramm auf die Beine:

Zwei Zehnjährige führten durch ein tolles Programm

cs. „Circus Paletti, bunt wie Konfetti, süß wie Lakritz, Flitz hin!" Die Bewohner des Ostviertels staunten nicht schlecht, als sie 120 kleine kostümierte und geschminkte Zirkusakteure durch ihre Straßen ziehen sahen, die mit ihrer gesungenen Einladung, lautstark begleitet von Pauken und Trompeten, auf ihre Galavorstellung aufmerksam machen wollten.
In Zusammenarbeit mit Mitarbeitern des „Zirkus Paletti" des Kreativhauses hatten die Schüler und Lehrer der Bodelschwingh-Grundschule an der Gutenbergstraße im Rahmen einer Projektwoche ein Zirkusprogramm auf die Beine gestellt, das sich sehen lassen konnte. Die „Zirkus-Galavorstellung" am vergangenen Freitag bildete den krönenden Abschluß einwöchiger intensiver Proben, die den Kindern viel Spaß gemacht haben.
In der bis auf den letzten Platz gefüllten Turnhalle der Schule, in der die Manege aufgebaut war, herrschte teilweise atemlose Spannung, wenn die kleinen Künstler ihre gut gelungenen Kunststücke zum Besten gaben. Neben Hochseilartisten, „Die Supertornados", Fakiren, Tanzgruppen, Geräteakrobaten und wilden Tieren begeisterten vor allem die Clowns und Zauberer das Publikum, das jede der zwölf auftretenden Gruppen mit großem Applaus bedachte.

Guten Anklang fand auch das „Paletti-Zirkusorchester", das mit seinen überwiegend selbst gebastelten Instrumenten das Programm musikalisch untermalte. Zwei zehnjährige Zirkusdirektoren, Philipp und Hendrik, führten gemeinsam durch das gut zweistündige Programm.
Während der Pause konnten sich Zuschauer und Artisten in der Cafeteria mit Kaffee, Tee und Kuchen stärken oder den Jahrmarkt auf dem Schulhof besuchen. Interessierte Eltern nutzten die Gelegenheit, auch etwas hinter die Kulissen zu schauen, und ließen sich dabei von ihren Sprößlingen führen. Große Anerkennung fand die Arbeit der „Pressegruppe", die auf einer Wandzeitung mit Fotos, Zeichnungen und Kurzberichten über die täglichen Fortschritte bei den Proben berichtete. Sie ist auch für die Herausgabe einer Schlußzeitung verantwortlich.
Schulleiter Hanjo Fleck bewertete denn auch die Projektwoche als vollen Erfolg: „Unser Konzept war es, bei der Gestaltung dieses Pilotprogramms auf die Interessen der Schüler einzugehen und das ist uns gelungen." Wichtig sei in diesem Zusammenhang auch die jahrgangsübergreifende Arbeit der Gruppen und damit der Aspekt der Sozialerziehung gewesen. „Die Schüler können sichtbare Lernerfolge vorweisen, auch wenn – oder gerade weil – der reguläre Unterricht eine ganze Woche ausgefallen ist", hob Hanjo Fleck besonders hervor.
Wie er, so hoffen auch die Mitarbeiter des Kreativhauses, daß die Zirkusaktion nach der Projektwoche weitergeht. Einige Arbeitsgruppen sollen eventuell im Kreativhaus eingerichtet werden. Sogar an eine Aufführung in der Halle Münsterland sei gedacht, so Udo Skretzka vom Kreativhaus.

rund um, 5/87

Literatur: siehe Anhang!

b) Zirkus im Kindergarten und der Kindergruppe

Zirkus als Mitspielaktion

im Kindergarten, die von 2–3 Artistenprofis durchgeführt und angeleitet wird, ist eine attraktive Idee für das kleine Veranstaltungsprogramm. Sie bietet gute

Ausgangsmöglichkeiten zum Weiterspinnen und Weiterarbeiten mit Kindern.
(Bei Kinderzirkussen nachfragen, Adressen: siehe Anhang!)

Ein sogenannter Bewegungs-Zirkus

nutzt den Themenkreis Zirkus und dessen vielfältigen Bewegungs- und Ausdrucksformen für einige Stunden thematischen Kinderturnens:
Aufwärmen und Ausdrucksübungen, Training und Proben spielen, artistische Übungen machen: Akrobatik, Clownerie, Seiltanz, Tiernummern und -dressuren. „Der Zirkus kommt" – als eine Bewegungsspielekette durchführen. Eine Aufführung spielen!

Nachmittage zum Thema „Spiele-Zirkus"

können diesen „Bewegungszirkus" auch beinhalten. Ebenso gehören aber auch Zirkus-Bau-, Mal- und Brettspiele dazu, die beispielsweise durch einen Besuch in einem echten Zirkus abgerundet werden können!

Wenn es draußen besonders ungemütlich ist,

kann ein außerordentlicher „Poetischer Zirkus" einberufen werden:
Es werden Zirkusgeschichten vorgelesen und gemalt, oder sogar selbst ausgedacht: Was der Clown Otto eines Tages alles anstellte, als er seine Clownsnase nicht mehr finden konnte . . . Da werden vielleicht sogar Zirkus-Bilderbücher gemalt, Zirkuslieder gesungen und Singspiele gespielt.

Zirkus als Sommerfest

Für dieses Ereignis haben Eltern an Bastelabenden lange vorher schon Requisiten gebaut und Kostüme geschneidert, vielleicht sogar Kulissen, Jahrmarkt-Buden entworfen und gebaut. Während des Kinderturnens haben Kinder und Gruppenleiter Ideen für eine kurze Gala-Vorstellung entwickelt und umgesetzt: Tiergruppen für 3–4jährige, Seiltanz, Akrobatik, Clownerie für 5–6jährige Kinder.
In Malgruppen sind große Bilder und Dekorationen entstanden: Girlanden, Fähnchen etc.
Wenn es so weit ist,
gibt es schließlich auf der dekorierten Wiese einige Buden zum Spielen, Großgruppenspiele für alle, Bauchladen-Leckereien und ein Kuchenbufet, die ein Teil der Unkosten wieder ausgleichen helfen, und: eine Gala-Vorstellung von Kindern im Alter von 3–6 Jahren (!). Natürlich sind dabei alle Gruppenleiter und auch Eltern als Helfer und ein Erwachsener als Zirkusdirektor unabkömmlich!

(*Literatur* zum Zirkus-Machen mit dieser Altersgruppe: s. Anhang!)

c) Zirkus auf dem Spielplatz

Den Eltern und Kindergruppenleitern bietet sich der Spielplatz zu völlig neuen Spielideen mit Kindern an: Der Spielplatz als ein Zirkusplatz!
Spontan, oder auch ein wenig vorbereitet lassen sich nämlich die Spielgeräte mit etwas Phantasie als Übungsgeräte der Artisten, als Wohnwagen, Stallzelte für Zirkustiere o. ä. umfunktionieren.
Da kann jeder „Luftakrobatik" auf Schaukeln, Seiltanz auf Mauern, Tierdressuren und Kunstreiten im Sandkasten erlernen. Jetzt sind aus den Spielecken Wohnbereiche der Zirkusfamilien entstanden, aus den Spielhäuschen das Büro des Direktors, eine Zirkusschule oder die Zirkusküche.

Vielleicht ist nach diesem unermüdlichen Spielen und Proben am nächsten Tag eine kleine Vorstellung für alle Eltern, für die anderen Kinder auf dem Spielplatz und die Spaziergänger geplant . . .!?

(Weitere Anregungen zur Spielplatz-Arbeit, in: K. Miedzinski: Die Bewegungsbaustelle. Dortmund 1983)

d) Zirkus im Ferienlager

Eine von vielen Möglichkeiten, wie das Thema Zirkus im Ferienlager oder der Stadtranderholung umgesetzt werden kann, soll der folgende Zeitungsartikel zeigen. Er berichtet von einer Zirkusarbeit auf einem Kotten.
Zirkus ist in dieser Woche das Rahmenthema gewesen, trotzdem gab es genügend Zeit zum „Ferien machen" und also keinen Zirkus zum erarbeiten!

Spaß im Ferienzirkus

Kinder bereiten eine Galavorstellung vor

Münster/Hopsten. Der kleine alte Kotten in der Nähe von Hopsten ist wie verwandelt. Dort, wo sonst ausgediente Landmaschinen ihren „Lebensabend" verbringen und nur das Muhen von Kühen die ländliche Stille durchbricht, herrscht nun seit einigen Tagen ein lebhaftes Bild. Jonglierkeulen, bunte Stelzen, Artistenlaufrollen, Papplöwen und Clownsnasen beherrschen die Szene.
Vor allem aber sind es 18 lebhafte Kinder, die den Duft der „großen" Zirkuswelt in dieses sonst so verträumte Fleckchen Erde holen.
Für zehn Tage veranstaltet der „Zirkus Paletti", ein kulturpädagogisches Projekt der Kinder- und Jugendkunstschule im Kreativ-Haus, eine Ferienfreizeit mit dem Schwerpunkt „Kinderzirkus". Nachdem der „Zirkus Paletti" seit über fünf Jahren in Wochenprojekten mit Münsteraner Kindern arbeitet, stellt diese Zirkusfreizeit ein neues Aktivitätsfeld der Jugendkunstschule dar. Absicht der Kulturpädagogen, die diese Freizeit vor Ort betreuen, ist es,

den Kindern neben zirzensischen Höhepunkten und artistischem Können auch das Erlebnis als große Zirkusfamilie zu ermöglichen. Nicht nur die gemeinsame Idee einer großen Gala am Ende der Freizeit trägt dazu bei, sondern auch die Mitarbeit in der Zirkusküche, das gemeinsame Reparieren von Requisiten und vor allem das abendliche Lagerfeuer und Geschichtenerzählen. Mit Feuereifer und viel Spaß erarbeiten die Kinder eine Galavorstellung, die am kommenden Sonntag vor Eltern, Freunden und sonstigen Zirkusliebhabern vorgeführt werden soll.
Falls alles gut klappt, wird dann auch „Lilly", der Liebling der Kinder, in der Manege stehen. Die viermonatige Zwergziege des Kottens entdeckte nämlich ihre Vorliebe für die Artisten-Laufrollen. Schon jetzt stehen einige Höhepunkte der Gala fest: Kraftmenschen, Fakire, Jongleure, Akrobaten, Clowns und Musiker.

WN 20. 8. 87

Wo kann „Zirkus" sonst noch gespielt werden?

Eigentlich überall, wo sich Menschen dazu bereit finden, Zeit und Lust dazu haben und der Platz und das Geld ausreicht (!):
Im Familienurlaub, in der Vereinsarbeit und Jugendgruppenarbeit, im Jugendhaus, bei Tagungen, z. B. als Kennenlern- und Bewegungsspiel und bei Fortbildungsmaßnahmen, bei Ferienspaßaktionen, im Zoo – als Tierzirkus.
Er kann organisiert werden als Kurs oder AG in Schulen, Musikschulen, als Musikzirkus, in Jugendkunstschulen, anderen Weiterbildungsstätten, oder als Zirkusschule, beispielsweise an Theatern und Kindertheatern, von Bildungsträgern oder als eingetragener Verein. Er kann ein Mitspielzirkus von Erwachsenen und Kindern für andere Kinder und Erwachsene sein, oder als sogenannter „Wanderzirkus" eine 3wöchige Ferienaktion umfassen. Es kann aber auch eine Zirkus-Revue oder ein Zirkus-Festival, vielleicht sogar eine Zusammenarbeit mit einem echten Zirkus, z. B. einem überwinternden Kleinbetrieb geben.

Was kann Zirkus noch sein?

Ob Musikzirkus, Spielezirkus, Tierzirkus oder Zirkustheater, jede Idee birgt viele neue Ideen und Möglichkeiten, dieses Thema mit Kindern umzusetzen:

Ein Zirkustheater

könnte z.B. eine Abenteuergeschichte im Zirkus erzählen, oder die Vorstellung könnte eine weitere thematische Umrahmung erhalten: "Zirkus der Jahrhunderte", "Zirkus durch ferne Länder" und so weiter...

Ein Galaprogramm

könnte seltene und zirkusferne Nummern, Show- und Revueelemente zur Aufführung bringen: Licht-/Schattentheater, Figuren/Puppenspiel, Lightshow, Themenshow: Western, Mittelalter-, Ritterspiele, Märchen- und Mythenspiele.

Das Drum-Herum

kann noch mehr in den Vordergrund treten: Tierschau in Tierwagen (Menagerien-Tiershow), Zirkus-Café und -Küche, Kuriositätenshow, offene Garderoben zum Verkleiden, offene Schmink- und Frisiersalons, Kulissenmaler und -bauer, Bauchladenverkäufer, Zirkuspresse und Filmemacher...!

2. Zirkus? Immer Zirkus?

Anregungen zu weiteren kulturpädagogischen Aktionen

Tausend und eine Kreation sind möglich. Zirkus ist nur ein Thema unter ihnen. Natürlich fehlt manchmal die zündende Idee. Es gibt aber viele Wege, um sie aufzuspüren und ist es auch nur lustiges „rumspinnen" über das, was wir schon immer einmal machen wollten.

Einen kleinen Teil von Ideen und ihren Kreationen fasse ich in drei Gruppen zusammen: Feste und Produktionen, Themen, Spielräume.

a) Feste und Produktionen

Themen, Anlässe, Formen lassen sich zu einem Fest umgestalten. So ist es beispielsweise möglich, einzelne Zirkuselemente für sich oder in Kombination mit anderen Dingen zu gestalten!

Ideen:

● Tiermasken-/Puppen- und Figurentheater, oder:
● Musik- und Tanztheater/-revue, oder:
● Gauklerfest, oder:
● Spielefest, „Land der tausend Möglichkeiten", oder:
● Maskentanz, -spiel, -fest, oder:

Beispiel: Maskenball

Vormittags
backen Erwachsene mit Kindern lustiges Maskengebäck, basteln sie gemeinsam Dekorationen, schneiden sie einfache, aber verrückte Kostüme, bauen sie sich skurrile Masken . . .;

Nachmittags
beginnt das Fest mit einem Maskentanz, gibt es ein Maskenball-Café, kann jeder zum Ball kommen und sich dort noch schminken und frisieren lassen, geht alles bunt drunter und drüber, und trotzdem gibt es Maskenspiele und kleine Vorführungen, wird alles durch Musik oder durch Live-Auftritte getragen und gewürzt und vieles mehr.

b) Themen

Themen können an erster Stelle stehen und Aktuelles, Historisches, Exotisches behandeln.
Angenommen, es spukt plötzlich die Idee im Kopf herum . . .

. . . einen zauberhaften Budenzauber zu zaubern

In kleinen Wolldecken-Zelten, -Buden, unter Tischen, in Stuhltunneln, in Ecken und Zimmern mit geheimnisvollen, lustigen kleinen Aktionen und Ereignissen: Klänge machen, zu elektronischer Musik tanzen, Licht- und Schatten- und Farbspiele, Schmink-, Verkleidungsspiele, Gruselgeschichten. Vielleicht kommen zu Besuch: Hexen, Vampire, Dracula mit Frau, Fledermäuse, Magier, Gespenster.

. . . oder einen sinnlichen Sinnesgarten zu ersinnen

Hier sollen durch Bauen, Basteln, Experimentieren, Zusammenstellen und Erfahren (!), die Sinne (Riechen, Schmecken, Hören, Fühlen, Sehen) möglichst isoliert voneinander, gekitzelt werden.

Literatur

H. Kükelhaus, R. zur Lippe: Entfaltung der Sinne. fischer alternativ
W. Löscher: HÖR-Spiele. Don Bosco Verlag
W. Löscher: RIECH- und SCHMECK-Spiele. Don Bosco Verlag
R. Seitz: SEH-Spiele. Don Bosco Verlag
R. Seitz: TAST-Spiele. Don Bosco Verlag

. . . die vier Elemente Feuer, Wasser, Erde, Luft wieder zu entdecken

Dazu können Ausflüge ans Meer, ins Moor oder Gebirge gestartet werden, Filme über Vulkane, die Entstehung der Erde, von Stürmen und Erdbeben

Dazu muß einiges von Erwachsenen vorbereitet und mit Kindern weitergeführt werden. Dann entstehen: Knutschfenster, an denen man sich gegenseitig von zwei Seiten küssen kann (Lippenstift!); Gerücheküche, in der Salben, Öle, Parfum, selber gemacht werden können; Fühl- und Tasträume, Zelte, Nischen; Klecker-, Matsch-Schmierkästen, Spiegelsälchen und -spiele; Duftbäume, behängt mit gefüllten Tee-Eiern, Geräuschetunnel, Langrohrtelefone, Massagesalon.
Dann gibt es Kleistergeister (mit Kleister und Papier Figuren bauen), Instrumentenbau und -spiel, Hörspiele im Dunkeln, Töpferspiele, Sehspiele.

130

angesehen werden, ein Wochenende in einer Hütte, auf einem Bauernhof, in Zelten verbracht werden. Da könnte aber auch mitten in der Stadt, auf Höfen, Plätzen und in Parks offene Feuer entfacht werden, Brote gebacken, Fackeln gebaut, Feuerspucken gelernt werden. Da können Erdmasken und -kostüme entwickelt, gebaut, bespielt werden, Erdspiele gespielt, getöpfert werden. Da können Drachen, Heißluftballons, Luftplastiken gebaut, Ballonspiele und Wasserspiele veranstaltet werden.

Literatur

LAG Kulturpädagogische Dienste/Jugendkunstschulen NRW: Der Schulhof ist kein Hinterhof. Dokumentation

. . . oder aber:

Mittelalterlicher Jahrmarkt

Ein Kultur-Historien-Projekt mit „allerley ergetzlichkeiten"

Ein Jahrmarkt ist für das „gemeine Volk" im Mittelalter ein besonderes kulturelles Zentrum gewesen, weil sie hier mit den Künsten und den Arbeiten der sogenannten Vaganten, den Fahrenden zusammentrafen!

Ein Jahrmarkt nach diesen Vorbildern, soll das Ergebnis der Projektarbeit sein! Die Vorbereitung darauf soll vor und während der Projektarbeit, im Rahmen von 1–2 Wochen oder langfristiger, stattfinden:

a) Geschichtlich – für oder/und mit Kindern dem alten Jahrmarkt auf die Spur kommen, z. B. durch Erkundigungen im Stadtarchiv, durch Literatur, Filme und anderes.

b) „Neuzeitlich" – mit Kindern die Ergebnisse umsetzen: Eine Vaganten-Gruppe bilden, unter denen es völlig verschiedene Einzelgruppen gibt –

die Betreuer gründen diese Kleingruppen mit Kindern und alle bereiten gemeinsam ein buntes Jahrmarkttreiben vor.

Arbeiten und Spielen

Kostüme schneidern, Gerätschaften bauen und besorgen: Buden, Zelte, Tische, Hunde-, Eselskarren, Kiepen, Bauchläden, Wanderbühnen auf Fässern, Hocker . . .

Requisiten dazu, Instrumentenbau: Trommeln, Pauken, Fiedeln, Flöten,

. . . Stadtgesetze und Marktrechte erfinden, verlesen: Früher galt: Landfriedenserlässe sind für Vaganten ungültig, weil sie „fridlos" sind, sie sind deshalb vogelfrei! Die Kirche setzte „Gaukler-sein" mit eine „Todsünde begehen" gleich! Auf städtischen Straßen sind Auftritte von Gauklern verboten, deshalb bietet nur ein Jahrmarkt dazu Gelegenheiten! Der Jahrmarkt ist eine „kleine Zeitinsel" auf der die Welt aus ihren offiziellen Bahnen gehen durfte! Jeder kann hier alles sein, kann jedem alles sagen! Die Ordnung des Jahrmarkts ist die Unordnung ! ! !

Theaterstückchen und Kuriositätenschauen, Musik und Tanz, Reden und Sprüche, Verkäufe und Dienstleistungen, Vorführungen und Zaubereien – das alles kann vorbereitet und auf einem Jahrmarkt mit Kindern durchgeführt werden.

Ort des Geschehens

Der Jahrmarkt sollte an einer Straße, einem Weg entlang oder auf einer Wiese vor den „alten Stadtmauern" der Stadt aufgebaut werden, damit das „Stadtrecht" nicht gebrochen werden muß und damit sich die Seßhaften und die Fahrenden Leute gemeinsam außer-gewöhnlichen Vergnügungen hingeben können! Vielleicht kann ein tatsächlicher Festtag der Anlaß des Jahrmarktes sein!

Arbeitsgruppen

Die Arbeitsgruppen sind gleichzusetzen mit bestimmten Vaganten-Gruppen. Wer bei einem mittelalterlichen Jahrmarkt voller Ereignisse, Gerüchte, Warenhandel, Krach und Palaver dabei war?
- Zigeuner: Handlinienleser, Tarotleger, Musikanten . . .
- Gaukler oder auch Jongleure: Spielleute, Dichter, Seiltänzer, Puppenspieler, Kraftmenschen, Bärenführer, Tierdressierer mit tanzenden Hunden und Pferden . . .
- Schausteller mit exotischen Tieren, Monstern, Centauren, Mißgeburten, wie Zwergen, Riesen, Haar- und Doppelmenschen,
- Diebe, ● entlaufene Mönche, ● Bettler, ● Fechter, ● herrenlose Landsknechte, ● Scholaren, ● fahrende Frauen, ● Sprücheklopfer und Redner, ● professionelle Marktschreier,
- fliegende Händler mit kostbaren Stoffen, indischen Gewürzen, sarazenischen Degen, türkischem Honig, Schmuck aus dem Morgenland, aber auch Gänsefedern, Fischen, Bürsten, Heiligenbildern, Rosenkränzen . . .
- Lotterpfaffen, ● fahrende Ärzte, ● Scharlatane, ● Wunderärzte, z. B. Herr „Schnauzius Rapunzius aus Neapolis!", ● Quacksalber: Leichdornzieher, Steinschneider, Zahnbrecher, Urinbeschauer, Kräuterweiber . . .
- fahrende Handwerker: Scherenschleifer, Kesselflicker, Korbflechter, Blasrohr- und Dreschflegelmacher,
- Lumpensammler, ● Kammerjäger, ● Sauschneider . . .

Eine ganze Menge kann davon für eine kulturpädagogische Arbeit mit Kindern Verwendung finden. Der „Jahrmarkt" ist eine wahre Fundgrube!
Zitate und Anregungen aus: Bose/Brinkmann; Johannismeier; Kopecný, s. Anhang!

c) Spielräume

Für die Arbeit mit Kindern in der Stadt und der Gemeinde können bestimmte Örtlichkeiten eine Menge attraktiver neuer Inhalte und Arbeitsformen erschließen. Sie lassen sich grundsätzlich in allen öffentlichen Gebäuden und allen Plätzen finden. Natürlich sind Genehmigungen vom Besitzer, Verwalter, Ordnungsamt erforderlich!
Zu den öffentlichen Orten zählen:
Stadtpark, Stadtwald, Marktplatz, Fußgängerzone, Bibliotheken, Ämter, Bäder, Schlösser, Schloßgärten, Botanische und Zoologische Gärten, Sportanlagen, Jugendherbergen.
Das sind nur einige Beispiele.
Wichtig ist, daß die Verwalter oder Betreiber dieser „Räume" zur Zusammenarbeit bereit sein müssen, sonst läuft nichts!
Drei erprobte Projekte sollen andeuten, was möglich ist!

Ein Kindermuseum

von Kindern für Kinder und Erwachsene!
Dazu ein Pressebericht:

Nur begeisterte Besucher im „Kindermuseum"

Kreativhaus: Abstrakter Begriff wurde mit Inhalt gefüllt

-sm- Münster (Eig. Ber.). „Wir haben das Kindermuseum aufgebaut, damit ihr Erwachsenen einmal sehen könnt, was wir mit unserer Phantasie alles machen können", erklärte „Museumsführerin" Jennifer den zahlreichen Eltern im Kreativhaus. Am Samstag nachmittag stellten 30 kleine Künstler dort eigene Werke aus und führten vor, was sie sich in den Herbstferien ausgedacht und dann selber eingeprobt hatten. Mit diesem Projekt wollten die Mitarbeiter des Kreativhauses den Kindern im Alter von acht bis zwölf Jahren den abstrakten Begriff „Museum" näherbringen und ihn inhaltlich füllen.

Am Beginn des Nachmittags stand eine große Schmink-aktion. Denn mit Herzchen auf der einen und Blume auf der anderen Backe sah jeder Vater gleich dreimal so nett aus. Durch ein Labyrinth aus schwarzer Plane gelangten die Museumsgäste dann in ein Traumland, wo sich die Bühne für alle Darbietungen befand. Zunächst kündigte Sven das Hörspiel „Artur König Roboter" an, das eine Gruppe während der letzten Woche erstellt hatte. Voller Phantasie hatten die Kinder die einzelnen Geräusche im Hintergrund nachgeahmt. „Genauso habe ich mir immer vorgestellt, wie ein landendes Raumschiff klingt", stellte ein begeisterter Vater an der entsprechenden Stelle fest.

Im Anschluß zeigten vier kleine Malerinnen ihre Kunst-werke. Charmant befragte Nives dabei auch die Gäste aus dem Publikum nach ihrer Meinung: „Würden Sie sich dieses Bild ins Wohnzimmer hängen?" Klare Sache, daß jede Mutter begeistert war. Nach dem Konzept des Kartonbö-denbaus hatten andere Kinder Videofilme aufgenommen. Dabei hatten sie Figuren an Drahtfäden durch Kulissen aus Pappschachteln geführt. Der Höhepunkt des Nachmittags war ein improvisiertes Tanz-Performance-Theater, das einige Kinder mit Mitarbeitern vom Pumpenhaus entwickelt hatten. Abschließend führte Sascha alle Gäste noch durch eine Phantasielandschaft, die im Töpferraum aufgebaut worden war.

Daß die beteiligten Kinder in den Herbstferien ein so kreatives Programm gestalten konnten, lag sicher zu einem großen Teil an ihren Betreuern, zu denen neben Mitarbei-tern des Kreativhauses freischaffende Künstler und Kunst-pädagogen gehörten. „Auch uns hat das Projekt viele neue Anregungen gegeben", versicherte Josef Spiegel.

WN 2. 11. 87

Literatur: Pädagogische Aktion München (Hrsg.): Vom Umgang mit den Dingen. Museumspädagogik. Kulturpäd-agogisches Lesebuch Nr. 4

Ein Besuch im Zoo

So wurde diese Aktion für alle interessierten Kinder angekündigt:

IM ZOO IST DER BÄR LOS

Am 25. Juli gibt's im Allwetterzoo eine bärenstarke Aktion für alle Kinder von 6 bis 12 Jahren!

Hallo Kinder!
Wir, die Mitarbeiter des Kreativ-Hauses Münster und des Kinderzirkus PALETTI wollen, daß Ihr Eurer Phantasie im Zoo freien Lauf laßt und dabei die Tiere und ihr Leben besser kennenlernt.
Das könnt Ihr am 25. Juli alles erleben oder selber machen:
- eine DSCHUNGEL-EXPEDITION mit Schatzsuche und unglaublichen Abenteuern
- tierische TIERSPIELE auf einer großen Zoowiese
- große und kleine Tiere mit Ton MODELLIEREN und TÖPFERN
- bunte Vogel- oder Affen- oder . . . -MASKEN BAUEN und damit spielen
- eine TIERPUPPENWERKSTATT in einem Tierhaus einrichten
- eine höllische HÖHLE BEMALEN
- mit der Videokamera einen echten TIERFILM DREHEN
Durch das Programm führt RUDI RATTE, der rasende Reporter. Wir werden gemeinsam um 15 Uhr auf dem Landoisplatz im Zoo beginnen. Und wir wollen auch einen gemeinsamen Abschluß machen mit Filmvorführungen, Ausstellungen, Theaterstückchen.
Also merkt Euch: Es geht bärig los im Zoo am
Samstag, 25. Juli, um 15 Uhr auf dem Landoisplatz. Ende: 18 Uhr.
Kommt wie die Ameisen, denn die Sache wird elefantös! Und seid pünktlich!
Veranstalter dieser kulturpädagogischen Aktion: Kreativ-Haus, staatlich anerkannte Erwachsenenbildungsstätte und Jugendkunstschule, Diepenbrockstraße 28, 44 Mün-ster, Tel. 0251/370 54. Allwetterzoo Münster, Sentruper Straße 315, 44 Münster, Tel. 0251/800 61

*Anmerkungen, die auch für andere „Spielräume"
gelten*

- Bedenken: Die Besucherströme einkalkulieren,
  Besucher eventuell mit einplanen, wenn auch nur
  als Zuschauer (!), für schlechtes Wetter Ausweich-
  möglichkeiten, z. B. im Zoo in Tierhäusern, bereit-
  halten.
- Entscheiden: Soll die Aktion eine offene Arbeit
  sein, dann müssen Gruppen angeboten werden,
  in denen viele Kinder mitmachen können. Die
  Teilnahme von Kindern in solchen öffentlichen
  Räumen ist unkalkulierbar!
  Für eine „geschlossene" Arbeit ist natürlich eine
  Anmeldung erforderlich.
- Berücksichtigen: Zeit lassen! Viele öffentliche
  Räume, wie auch der Zoo, bieten an sich schon
  eine Reihe von Attraktionen und Ablenkungsmög-
  lichkeiten. Auch genug Zeit für die Präsentation
  der Ergebnisse einplanen. Können Kunstobjekte
  von Kindern bleibende oder zeitweilige Ausstel-
  lungsstücke in den Räumen und auf den Plätzen
  sein?

Eine Dschungelparty im Hallenbad!

Trommler und Ausrufer ziehen ein, begrüßen die
Kinder und klären über ihr Erscheinen auf. Nach und
nach tauchen von allen Seiten Wassergeister,

Dschungeltiere, Klabautermänner, Dschungel-Ma-
ler, verspielte Seeungeheuer, schüchterne Höhlen-
sänger und Tarzan auf. Sie sind gekommen um eine
Dschungelparty am See zu veranstalten. Diese
Wesen wollen dazu tun, was sie können. Sie sind
aber allein da und benötigen unbedingt noch Helfer:
Die anwesenden Kinder! Sie sollen überlegen, ob
und was sie machen wollen:
Sich in ein Dschungeltier verwandeln durch einfache
Masken und Ganzkörperbemalung, oder in Wassergeister oder Nixen, um Geistertänze einzuüben.
Vielleicht wollen sie Gehilfen des Dschungel-Malers
sein und die „Dschungel-Fensterscheiben" bemalen
und Dekorationen herstellen oder sie wollen Schüler
von Tarzan sein, der mit ihnen Sprünge an Lianen
(Taue) und schwierige Wasserspiele übt. Sie können
aber auch als Urwald-Affen lustige Wasserakrobatik
erlernen!
In verschiedenen Raumteilen, in Ecken, am Becken-
rand und in Wasserbecken entstehen Werkstätten,
Verwandlungszeremonien, Tänze, Spiele . . . Die
Kinder können die Gruppe jederzeit wechseln und
Neues probieren.
Kann das Fest beginnen?
Da schlängelt sich ein Umzug durch das Dschungel-
Bad mit Trommeln und merkwürdigen Gestalten! Das
ist der Startschuß zur kleinen und doch fetzigen Party
im und am Dschungelsee, mit Urwald-Songs („Die
Affen rasen durch den Wald!"), mit Spielen, kleinen
Vorführungen, mit Quatschen, mit Mix-Getränken
und vielem mehr . . .
. . . bis tief in die mondhelle Nacht!

VII. Abschied vom Zirkus?

1. Wie es steht?!

Die kleinen Familienzirkusse heute

Der traditionelle Zirkus wird vor allem durch die vielen kleinen Wanderzirkusse weitergeführt, bis zu 130 in der Bundesrepublik Deutschland. Das sind Zirkusse, bei denen die ganze Familie die aufgeführte Artistik selbst beherrscht und auch für die gesamte übrige Arbeit des Unternehmens zuständig ist.

Diese Zirkusleute erhielten und erhalten auch heute noch nicht die gesellschaftliche Anerkennung und staatliche Unterstützung, die ihnen zusteht. Mitleid mit ihrer wirtschaftlichen Situation, das u. a. auch bei Bettelaktionen der Zirkusse durch Münzen zum Ausdruck kommt, zählt nicht dazu.

Dabei ist die soziale, wirtschaftliche und künstlerisch-handwerkliche Situation dieser Kulturszene am Rande der Gesellschaft wirklich nicht gut. Dazu ein paar Stichworte:

Selbstausbeutung und Schwerstarbeit von Erwachsenen und Kindern, schlechte Schulbildungssituation für Zirkuskinder (manchmal bis zu 300 Schulwechsel in 7 Jahren), mangelnde unternehmerische Fähigkeiten der Zirkusleitung, wenige geeignete Auftrittsflächen in Städten und Gemeinden, keine Einbeziehung der Zirkusse in das städtische Kulturangebot, seltene Bezuschussung der Auftritte und anderer Projekte, komplizierte, erschwerende Genehmigungsverfahren und Auflagebedingungen; große Überwinterungsprobleme für Menschen: Es fehlen geeignete Unterkünfte und Stellplätze; für die Tiere: Es fehlen beheizte Räume, ausreichende Pflege und Versorgung der Tiere und auch Platz für ihre Arbeit; geringe künstlerische Weiterentwicklung der Zirkusleute und fehlende Unterstützung darin . . . Das sind nur einige der Ursachen für das Leben dieser Leute am Existenzminimum!

Lösungsansätze und erprobte Unterstützungsmöglichkeiten gibt es bereits. Sie müssen den wirklichen Bedürfnissen dieser Familien gerecht werden und ihrer Kultur Überlebenschancen bieten.

Dazu zählt die Beschaffung von Überwinterungs- und Auftrittsmöglichkeiten und die Verbesserung der Lebens- und Bildungssituation der Zirkus-Kinder. Projekte, die eine Zusammenarbeit von Kulturinitiativen oder pädagogischen Aktionen und Familienzirkussen herbeiführen, müssen unterstützt werden, weil sie ein wirklich fruchtbarer „Lernort Circus" für alle Beteiligten sein können. Kontakte mit Zirkusleuten zu knüpfen, Informationen über das „richtige Zirkusleben" in Erfahrung zu bringen, das ist auch für kulturpädagogische Projekte und auch für die Zirkusse eine wichtige und interessante Bereicherung ihrer Arbeit.

Literatur: siehe Anhang bei „Zirkus heute"

135

Schüsse auf Zirkus-Wohnwagen

Auf einen Wohnwagen des Kleinzirkus „Charles" in der Ginnheimer Paquetstraße ist am Wochenende zweimal geschossen worden. Das erste Projektil durchschlug in der Nacht zum Sonntag eine Fensterscheibe. Zu diesem Zeitpunkt schlief ein 12 Monate altes Kind in dem Wagen. Die Wohnwagenbesitzer haben der Polizei vorgeworfen, sie habe erst unter dem Druck der Staatsanwaltschaft am Montag mit den Ermittlungen begonnen ...   (7.5.86 FR)

---

2. Señora Roberta Ravioli erzählt, wie es ausging ...

Könnt ihr euch vorstellen, wie nervös ich an diesem Morgen in der Schule gewesen bin? Ich sollte in einem richtigen Zirkus auftreten! Einfach so!
Natürlich habe ich meine besten Schulfreundinnen eingeladen. Aber meine Mutter ...? Was sollte ich nur meiner Mutter sagen? Weil ich gestern heimlich weggegangen war, fragte ich sie nach dem Mittagessen: „Duu?! Kann ich gleich noch mal in den Zirkus gehen?" Ich glaubte, daß sie nichts bemerkt hätte, weil sie nur sagte: „Was – schon wieder? Na, meinetwegen. Aber zieh' dir was über, es regnet gleich!" Da stand ich aber schon auf der Straße.
Im Zirkus liefen die Vorbereitungen schon auf vollen Touren. Zirkuskinder und Zirkuserwachsene rannten umher und trugen Sachen, die ich noch nie vorher gesehen hatte. Fähnchen wurden in schwindelnder Höhe aufgehängt, Seile am Zelt nachgezogen, frisches Sägemehl ausgestreut, die Zuschauerstühle superordentlich aufgestellt. An einem Wohnwagen wurde ein Elefant hinten herum blankgeputzt!
Dazwischen ging Tarzan, der Löwe hin und her und murmelte leise seinen Text vor sich hin. Er bemerkte gar nicht, daß ich, seine Gorillafrau, schon da war.
Bald war alles hergerichtet. Die Künstler versammelten sich hinten am Zelt. Wir sind ganz schön aufgeregt gewesen, das kann ich euch sagen. Selbst Jenny war nervös, sie sollte unsere Direktorin sein. Vor lauter Lampenfieber futterten die Ratten ihre Käsestückchen auf und die Glühwürmchen fingen plötzlich an zu blinken. Die Tauben hatten sich total verkehrt geschminkt: Gold-Glitzer auf ihre Federn und dicke schwarze Ringe auf ihre Schnäbel. Diese Ringe mußten sie immer ansehen und deshalb schielten sie.
Ich fühlte mich aber ganz gut. Bis zu dem Augenblick, als ich einmal durch die Plane in die Manege schaute ...
„Blitz-Donner-Hagel!" Da saß doch tatsächlich meine ganze Schulklasse und mittendrin? Mittendrin saß meine Mutter ...! Mir wurde es ganz anders.
„Ich kann nicht auftreten", stotterte ich, „ich hab' alles vergessen ...". „Aaach – koomm ...", sagte Jenny. „Ich kann nicht, wirklich", wiederholte ich ganz traurig. Da legte mir Tarzan eine Pranke auf die Schulter, Goethe stellte sich vor mich hin und dichtete ganz schnell ein lustiges Gedicht. Wir mußten alle lachen und ich fühlte mich schon viel wohler.
Die Vorstellung begann!
Zuerst mußten die Rattellis in die Manege. Sie hatten sich schnell noch was anderes zum Lebensmittel-Jonglieren besorgt: Schokoladenstückchen aus Zartbitter! Die wurden aber weicher und weicher und zuletzt blieben sie einfach an ihren Pfoten kleben! Halb so schlimm – denn Jenny durfte die Schokolade ablecken und alle glaubten, es würde zur Nummer gehören.

Die Glühwürmchen blinkten und blinkten als sie in das Zelt flogen. „Das ist auch gut so", habe ich gedacht, „so können die Zuschauer sie viel besser sehen." Ich muß euch unbedingt vom Auftritt der Ringeltauben erzählen! Er ist total spannend gewesen. Als sie durch den Vorhang kamen, schielten sie immer noch auf ihre dicken schwarzen Ringe und sahen deshalb alles doppelt. „So viele Leute", stöhnte eine Ringeltaube und flog hinauf zum Hochseil. „Aber – was is' hier los? Seit wann hängen hier zwei Seile", flüsterte sie. „Welches Seil?" fragte die andere Taube, sie flog suchend in der Zirkuskuppel herum und konnte kein Seil entdecken. „Na – hier ist es doch", antwortete die Dritte und setzte sich auf ein Seil. Aber . . .! Den Zuschauern blieb das Herz stehen!

Der Akrobat war danebengetreten. Jetzt stürzte er ab . . . Blitzschnell sauste seine Kollegin herab, flog mit weit ausgebreiteten Flügeln und fing ihn im Fluge auf. Das gab einen brausenden Sonderapplaus auf allen Rängen!

Jenny kündigte eine Nummer nach der anderen an. Vor unserem Stück übernahm aber ihr Vater die Direktorenrolle. Da hörte ich ihn sagen: „. . . und heute – als Gaststar: Roberta Ravioli!" Au – weh!

Aber alles ging gut. Bis, . . . bis zu dem Moment, wo Tarzan mit verdrehten Augen auf mich zugehen mußte. Bei dem gewaltigen Kampf mit Jenny war seine Hose verrutscht – eine echte Tigerhose. Er machte ein paar Schritte auf mich zu, stolperte über seine Tigerhosenbeine und fiel lang hin.

Auf den Bänken schüttelten sich die Zuschauer vor Lachen. Tarzan hatte aber dicke Tränen in den Augen. Ich lief sofort hin, half ihm beim Aufstehen und nahm ihn ganz fest in den Arm. Das Publikum tobte!

„Bravo, bravo!" und „Zugabe, Zugabe", riefen die Kinder, und meine Mutter klatschte wie wild! Sie hörten einfach nicht auf!

Das war der Beginn meiner Freundschaft zu Jenny und den Tieren im Zirkus. Ich habe sie noch oft zu mir eingeladen und ich durfte immer auftreten, wenn sie gerade in unserer Stadt gastierten.

Um im Training zu bleiben und weil es mir soviel Spaß macht, habe ich mit meinen Schulfreundinnen und Schulfreunden wahnsinnig oft Zirkus gespielt.

Ich wollte ja eine große Artistin werden . . .

3. Epilog

Für dieses Buch habe ich eine Schatztruhe voller Erfahrungen aufgemacht. Sie befindet sich in der Kinder- und Jugendkunstschule im Kreativ-Haus in Münster. Viele wertvolle Stücke in diesem Erfahrungsschatz stammen aus dem Projekt „Kinderzirkus – Paletti", in dem ich einige Jahre ehren- und hauptamtlich mitgearbeitet habe.

Dieser Zirkus entstand aus einer Zusammenarbeit von Kreativ-Haus-Mitarbeitern, Schauspielern und dem Wanderzirkus „Ferrani". Er wurde als sogenannter „Krea-Ki-Zi" weitergeführt und wuchs zum „Paletti-Zirkus" heran. An seinen Wochenaktionen nahmen Jahr für Jahr immer mehr Kinder mit Begeisterung teil. Trotz dieser Anerkennung unserer Arbeit erhielt das Projekt selten eine angemessene finanzielle Unterstützung. Deshalb haben wir es immer wieder als kulturpädagogischen Dienst anderen Städten und Organisationen angeboten.

Die Erfahrungen und Kenntnisse werden von uns mittlerweile in Fortbildungsveranstaltungen und Seminaren an Gruppenleiter, Erzieher und andere Personengruppen weitergegeben. Vor allem aber bilden sie die Basis für einige neue interessante Projekte.

Vielleicht kann dieses Buch auch die Bedeutung der kulturpädagogischen Arbeit, wie sie in Jugendkunstschulen und vergleichbaren Einrichtungen praktiziert wird, ein-sehbar machen und ein kleines Stückchen zu ihrer Anerkennung beitragen.

Eine deutliche Befürwortung, insbesondere von seiten der kommunalen Kulturpolitiker, ist unerläßlich, damit sich nicht mehr und mehr kulturpädagogische Initiativen mit Kindern und Jugendlichen verabschieden müssen . . .

Die Kinder- und Jugendkunstschule hat mich bei diesem Buchprojekt sehr unterstützt. Ich möchte mich besonders bei allen „Palettis" ganz, ganz herzlich bedanken. Sie haben dieses Buch erst durch unser gemeinsames Projekt, durch ihre Berichte, Reflexionen und Ratschläge ermöglicht. Nur durch diese Hilfe konnte ich es in so kurzer Zeit erstellen:

Heinrich Bröckelmann, Barbara Hartmann, Ursula Kucharzewski, Volker Kuhlhüser, Selma Lavon, Karl Lotze, Moni van Os, Sigrid Schinzilarz, Udo Skretzka, Heike Wiggers und die vielen anderen, die für kürzere oder längere Zeit dabei gewesen sind.

Ein versandfertiges Manuskript zu erstellen, ist harte Arbeit. Moni und Volker, vielen Dank für Eure handfeste Mitarbeit!

Muchas gracias für Eure besondere beraterische und seelische Unterstützung: Brigitte, Martin, Ulla und Lucia!

Kontaktadresse:
Kinder- und Jugendkunstschule
im Kreativ Haus e. V.
Diepenbrockstr. 28
D-4400 Münster

VIII. Anhang

1. Literaturhinweise

Zur Zirkusgeschichte

G. Bose, E. Brinkmann: Circus. Geschichte und Ästhetik einer niederen Kunst. Wagenbach Verlag

J. Halperson: Das Buch vom Circus. Düsseldorf 1926

J. Kusnezow: Der Zirkus der Welt (dt. Ausgabe). Berlin/DDR 1970

H.-W. Otto, Saltarino: Das Artistentum und seine Geschichte, Bd. II. Huber Verlag

Dr. S. Oettermann: Kulturgeschichte des Circus in Deutschland, in: Dokumentation 14; Claußen, Oettermann, Richter: Kleine Familiencircusse – ihre Bedeutung für die Kulturarbeit und Gesellschaftspolitik. Kulturpolitische Gesellschaft e. V.

M. Schaaff: Die Buschens – 100 Jahre Circus Busch. M. Schaaff, Mühlenfeldstr. 91, D-1000 Berlin 28

Zur Geschichte der Vaganten

Th. Hampe: Die fahrenden Leute in der deutschen Vergangenheit. Jena 1924 (2)

U. Geese: Eintritt frei, Kinder die Hälfte. Kulturgeschichtliches vom Jahrmarkt. Jonas Verlag. 1981

R. Johannismeier: Spielmann, Schalk und Scharlatan. Volkskultur im späten Mittelalter. rororo sachbuch 1984

A. Kopecný: Fahrende und Vagabunden. Ihre Geschichte, Überlebenskünste, Zeichen und Straßen. Wagenbach-Taschenbuch 1980

H. Boehncke/R. Johannismeier: Das Buch der Vaganten. Prometh Verlag

Zu Zirkusgeschichten

H. Hannover: Der Mond im Zirkuszelt. rororo rotfuchs

H. Hannover: Der fliegende Zirkus. Wunderlich Verlag

I. Kanstein: Ich wünsch mir einen Zirkus. Rowohlt TB 1981

E. Stiemert: Spaß im Zirkus Tamtini. Arena Verlag (Großdruck)

U. Scheffler: Leselöwen – Zirkusgeschichten. Loewes Verlag (Großdruck)

Th. Klinger, H. A. Lusznat, W. Zacharias: Kinder vom Circus – Alfred und Liane. Otto Maier Verlag

G. Ruck Pauquet: Zirkus Belloni. Georg Bitter Verlag

I. Mizsenko, J. Pestrum: Komm in den Zirkus. Schwann Verlag (Bilderbuch)

A. Röckener: Was wäre die Welt ohne Zirkus Zabione? Beltz & Gelberg (Bilderbuch)

E. Hasler: Der Buchstabenclown. DTV (Schreibschrift)

I. Korschunow: Der kleine Clown Pippo. Herold Verlag

A. Ahlberg: Meister Mirakel der Zauberer. Otto Maier Verlag

J. Guggenmos: Theater, Theater. Geschichten zum Lesen und Spielen. Otto Maier Verlag

Zu „Zirkus – heute"

I. Hensel: Zirkuskinder haben viele Freunde. W. Goldmann Verlag

F. Powledge: Ich lebe in einem Zirkus. Otto Maier Verlag

H. G. Schramek: Erklär mir den Zirkus. R. Piper & Co Verlag

P. Eper: Menschen, Tiere, Wanderzirkus. Piper 1953

K. Schulz, H. Ehlert: Das Circus-Lexikon. Greno Verlag

F. van Maele, A. Heib: Die andere Seite des Regenbogens. Edition PHI, Echternach, Luxemburg

G. Kleemann: Manege frei – die weiche Tierdressur. Kosmos 1968

P. Boschkamp: Ein Bericht . . . Arbeitskreis für Sozialpädagogik e. V. (s. Adressen) (zu: Beziehungen zwischen Circus und Kindern, Verbesserung der Situation von kleinen Familiencircussen, Circuskinder und Schulbildung, Circus und der Jugendfreizeitbereich u. a.)

Zu „Zirkus-Machen"

K. Hoyer (Hrsg.): Zirkus. Arbeitsgruppe Oberkircher Lehrmittel Verlag

N. Erhard, W. Zacharias: Aktionsbuch – Mach' mit im Zirkus Pumpernudel. Otto Maier Verlag

LAG-Kulturpädagogische Dienste, Jugendkunstschulen e. V. (Hrsg.): Praxis: Kulturpädagogik – Kinderzirkus (vergriffen)

H. Dachale, D. Bleckmann: Manege frei, wir sind dabei. Zirkusspiele in Kindergruppen von 3–7. Burckhardhaus Verlag

A. Eschert, D. Küpper: Zirkus selber machen. Kalker Spiele Verlag (Kartei)

C. C. Hoffmann, u. a.: Zirkus selbst gemacht. Auswertung einer Ferienaktion. Oedipus Verlag 1981

Landesjugendamt Rheinland (Hrsg.): Zirkus – Spielaktionen. Fortbildungsveranstaltung für Mitarbeiter der offenen Jugendarbeit. Köln 1985

L. Mertens, u. a.: Praxishilfen: Akrobatik, Clownerie, Jonglieren. Geschichte, Didaktik, Praxis. Werkstatt für Medienarbeit und Freizeitpädagogik, Gottorpstr. 15, 2900 Osnabrück

Zum Schnippeln

G. Rüprich: Themenheft: Zirkus und Zauberei. Grafikversand im Muckenschopf. Lichtenbergerstr. 7, D-7585 Lichtenau

In der Schule

Landesstelle für Erziehung und Unterricht Stuttgart (Hrsg.): Wir spielen Zirkus. Darstellendes Spiel in der Grundschule. Armin Vaas Verlag 1979

E. Müller, u. a.: Schüler machen Zirkus. Ein Pilotprojekt außerschulischer und schulischer Kinderkulturarbeit. Kinder- und Jugendkunstschule Münster (Hrsg.). 1988

E. Braun: Schule und Zirkus. Marhold Verlag Berlin 1980

Arbeitsgruppe Oberkircher Lehrmittel (Hrsg.): AOL-Schulzirkus. AOL Verlag

I. Böhle: Unser Zirkus Klingelbum, in: Die Grundschule. 12/1983

J. Kretschmer: Manege frei! in: sportpädagogik. 6/1982

E. Schröter: Vorhang auf! Manege frei! in: Die Grundschule. 4/85

W. D. Brettschneider: Wir üben für eine Zirkusvorstellung, in: Sportunterricht 5–10. München 1983

J. Kretschmer: Der Zirkus Appeloni präsentiert, in: Die Grundschule. 10/1982

Zur Zirkuspädagogik (Theorie und Praxisbeispiele)

A. Stier: Circus und Circusinitiativen. Pädagogische Möglichkeiten zur Sozialisation und Integration von Kindern und Jugendlichen. A. Stier, Blücherstr. 47, 2900 Oldenburg

V. Kuhlhüser: Kinderzirkus selbst gemacht – Konzeption und praktische Entwicklung. Westfälische Wilhelms-Universität, Münster 1986

U. Skretzka: Kinderzirkus Paletti als Pilotprojekt in der Grundschule. Versuch einer Integration. Westfälische Wilhelms-Universität, Münster 1987

M. S. Hagenow: Zirkusschule, in: betrifft erziehung. 18. Jg., 1985, Heft 12

B. Claußen: Lernort Circus, in: Erziehen heute. 31. Jg., 1981, Heft 1

E. J. Kiphard: Sportakrobatik – die Wiederentdeckung der Körperkünste, in: Praxis der Psychomotorik. 11. Jg. 1986, Heft 2

Dort auch:

M. Panolt: Du bist ganz anders. Für den täglichen Clown in uns

U. Held: Wir spielen Clown

E. J. Kiphard: Clownerie und Zirkusspiel als pädagogische Elemente, in: Praxis der Psychomotorik. 9. Jg. 1984, Heft 3

E. J. Kiphard: Kinderzirkus – eine Möglichkeit zur Sozialisation milieugeschädigter Kinder und Jugendlicher, in: Motorik. 5. Jg. 1982, Heft 4

H. Kurzhals: Von einer Artistenkarriere träumen, in: Animation. 6. Jg. 1985, Heft Sept./Okt.

Ch. Henning, B. Henpel: Eine Rolle kann doch jeder . . . Der Zirkus Bambuli, in: Animation 5/1984

Zur Kulturpädagogik

B. Schäfer: Praxis Kulturpädagogik – Entwicklungsstand und Perspektiven. LAG-Kulturpädagogische Dienste/Jugendkunstschulen NRW e. V. (Hrsg.)

Kulturpolitische Gesellschaft e. V. (Hrsg.): Kinder- und Jugendkultur. Dokumentation 27

Kulturpolitische Gesellschaft e. V. (Hrsg.): Lernen zwischen Sinn und Sinnlichkeit. Brauchen wir eine Kulturpädagogik? Dokumentation 24. Kulturpolitische Gesellschaft e. V., Hohenhof, Stirnband 8–10, 5800 Hagen 1

Zu Spielen und Theatermachen

Tembeck, Fluegelmann: New games, die neuen Spiele. Ahorn Verlag

Fluegelmann: Die neuen Spiele. Band 2. Ahorn Verlag

J. Ramme, H. Riese: Spiele für Viele. Friedenshof/Spiel- und Lernzentrum e. V.

G. Seidel: Spiel ohne Probe. Stegreifspiele mit Kindern von 7–12. Don Bosco Verlag

T. Orlik: Kooperative Spiele. Beltz Verlag

K. Hoffmann: Das Spielmobil. pläne Verlag

W. Zalfen: Spiel-Räume. Grünewald Verlag

Bundesjugendwerk der Arbeiterwohlfahrt (Hrsg.): Praxismappe – Spiele für Kinder, Jugendliche und Erwachsene.

Oppelner Straße 130, 5200 Bonn

R. Rabenstein u. a.: Bewegung für die Gruppe. AGB – arbeitsgemeinschaft für gruppenberatung – Österreich (über: Puppen & Masken Verlag)

R. Rabenstein, G. Reichel: Großgruppen – Animation. AGB

F. Rohrer: Spielen, Gestalten, Theatermachen. Burckhardthaus – Christopherus Verlag

AOL (Hrsg.): Schulspaß und Schulspiele. Handbuch zum Schulalltag 2. rororo sachbuch

B. Lowndes: Erstes Theaterspielen mit Kindern. Otto Maier Verlag

P. Schorno, P. Wassermann: Spielen, Spielen, Spielen. Bd. 1. Lenosz Verlag Basel

P. Schorno, P. Wassermann: Weiterspielen. Bd. 2 Theaterwerkstatt für Kinder. Lenosz Verlag Basel

H. Giffei (Hrsg.): Theater machen. Ein Handbuch für die Amateur- und Schulbühne. Otto Maier Verlag (Paperback)

M. Batz, H. Schroth: Theater zwischen Tür und Angel. rororo sachbuch

Zur Körperarbeit (Praxis und Grundlagen)

H. Somplatzki: Körpertraining und Bewegungsgestaltung im Darstellenden Spiel. LAG-Spiel- und Amateurtheater NRW e. V., Heft 15

P. Ausländer: Einzelübungen. Praxis Kulturpädagogik 1. LAG-Kulturpädagogische Dienste/Jugendkunstschulen NRW e. V.

A. L. Barlin: Fliegen möcht' ich. Otto Maier Verlag (vergriffen, Bibliothek!)

Bärwinkel/Seitz/Westphal/Zachert: Füße im Wind. Bewegung mit Kindern (8–13 J.). Burckhardthaus-Laetare Verlag

Moshé Feldenkrais: Bewußtheit durch Bewegung. Suhrkamp

Ch. V. W. Brooks: Erleben durch die Sinne. Jungfernmann Verlag Paderborn

und: H. Kükelhaus, R. zur Lippe: Entfaltung der Sinne. fischer alternativ

Abfall-, Altstoffe	Rohstoff-Großhandel
Absperrband rot/weiß	Baumarkt
Alurohre	Metallwarenhandel
Autoreifen, -schläuche	Reifenfirmen
Bärlappsporen (Lycopodium)	Apotheke
Bauwagen (gebr.)	Baufirmen
Biergartenbänke (ausleihen)	Brauereien, Biergroßhandel
Bierkisten	Großbrauereien
Bohlen/Schalbretter	Bauunternehmen
Buttonmaschine	s. Adressen
Eckverbinder	Gerüstbaufirmen
Fallschirm	s. Adressen
Federstahldraht	Metallwarenhandel
Felle/Leder	Schlachtereien
Filme	s. Kap. Filme
Gebäck/Kuchen (Spende)	Krankenhäuser/Bäckereien
Gipsbinden	Apotheken/Krankenhäuser
Heu- oder Strohballen	Landwirte
Holzschnittreste/Sägemehl	Holzverarbeitungs-/Holzimportfirmen
Holzstangen	Heimwerkerladen/Holzhandlung
Hutgummi	Kurzwarenladen
Kabelrollen (leer)	Telefonbaufirmen
Kazoo/Spielzeuginstrumente	Musikladen/Spielwarenladen
Kesselmundstück	Musikladen
Ketten	Metallwarenhandel
Kollophonium	Musikladen
Leitern	Metallwarenhandel/Baumarkt
Leitungs-/Abflußrohre	Installationsfirma

Luftballons u. a. (!)	Banken und Sparkassen
Makulaturpapier	Zeitungsdruckereien
Maschendraht	Baumarkt
Metallstäbe/-reste	Metallwarenhandel
Musik	s. Kap. Musik
Papiertüten	bäuerl. Genossenschaften
Petroleum	Drogerie
Sägemehl	Sägewerk/Holzwerkstatt
Sanitätskoffer/-tasche (Spende)	Deutsches Rotes Kreuz
Schaumstoff	Schaumstoffhandel
Scheinwerfer	s. Adressen/Baumärkte (Gartenbeleuchtung)
Schlauchschellen	Metallwarenhandel
Schminke	s. Adressen
Spannlack	Heimwerkerladen
Sportgeräte (gebr.)	Schulamt/Sportinstitut
Springseile	Sportartikelladen
Styropor/-kugeln	Bastelbedarfsläden
Tau/Seil	Schiffsbedarfshandel
Textilien (Abfall)	Textilrohstoffhandel
Altkleider	Gebrauchtkleiderhandel/DRK/Privatspende
Trampolin	Sportamt/Selbstbau s. Akrobatik
Verzierungsmaterial	Dekorations-/Hobbyläden
Wellpappe (Restrollen)	Papier-/Pappgroßhandel
Wunderkerzen	Kerzenfachhandel
bunte Kerzenbecher	Friedhofsgärtnereien
Zelt	s. Adressen
Zylinder (chapeau claque)	Flohmarkt

3. Adressen

Zirkus-Material-Einkäufe
Clownerie/Jonglieren (Bücher, Schminke, Spiele etc.)

Pappnase & Co
Bornstr. 20
D-2000 Hamburg 13

Die Jonglerie
Hasenheide 54
D-1000 Berlin 61

keule & co
Dreikönigstr. 25
D-6900 Heidelberg

balla balla
Brüsseler Str. 31
D-5000 Köln 1

bella hopp S. Schlund und:
Hörder Neumarkt 12
D-4600 Dortmund 30

Chläus Schenker
Staufacherstr. 198
CH-8004 Zürich

Luftikus
Warendorfer Str. 5
D-4400 Münster

Informationen zum Zirkus

Gesellschaft der
Circusfreunde e. V.
Sekretariat:
Rosenstr. 118
7512 Rheinstetten 1
(Dachverband verschiede-
ner Sektionen)

Circus- und Varietéfreunde
Ruhrgebiet e. V.
Paul Marker
Flöz-Hugo-Siedlung 39
4690 Herne 2

Dresdner Circus und
Varietéarchiv
Ernst Günther
Postfach 212
DDR-8012 Dresden

Arbeitskreis für Sozial-
pädagogik e. V.-A. F. S.
Peter Boschkamp
Alter Mühlenweg 29
5653 Leichlingen 1
(– insb. Infos über und Kontakte zu kleinen Familienzir-

Harry Scholl
Zirkus ATLAS
Postlagernd
8000 München 45
(Vorsitzender eines Zusam-
menschlusses kleiner Fa-
milienzirkusse in Deutschland)

Prof. Dr. Bernhard Claußen
Professor an der Universität
Hamburg

Deutsche Kinderzirkusse

– verfügen oft über unveröffentlichte Erfahrungen, manche
können für Auftritte und zur Mitarbeit eingeladen werden:

Zirkus Rrabiati
c/o Franz Herzhoff
Gutenbergstr. 108
5000 Köln 30
(Mitspielzirkus)

Kölner Spielecircus
Wissmannstr. 38
5000 Köln 30
(Mitspielzirkus)

Zirkus Wibbelstetz
über: TPZ e. V. Köln
Geuterstr. 23
5000 Köln 1
(Kinderzirkus)

Zirkus Minimumm
Ev. Jugend Köln-Kalk
Eythstr. 7
5000 Köln 91
(Kinderzirkus)

Circus Zappelino
Gesamtschule Holweide
Burgwiesenstr. 125
5000 Köln 80
(Schülerzirkus)

Theater Brocoli
c/o Achim Mensing
Bandstr. 19
5600 Wuppertal 1
(Kinder-Mitspieltheater/
Zirkus)

kussen in der BR Deutsch-
land, Engagement, Zusam-
menarbeit, Beratung)

Kinderzirkus Fiffikuss
Verein „Wilde Rose"
Borgholzhausener-
str. 75–79
4520 Melle 1

Kinderzirkus Paletti
Kinder- und Jugendkunst-
schule im Kreativ-Haus
Diepenbrockstr. 28
4400 Münster

Kinderzirkus Travados
Kontakt: Bemposta e. V.
Hansastr. 19
4750 Unna

Kinder- und Jugendcircus
Linoluckynelli
Soziales Zentrum
Lino-Club e. V.
Unnauer Weg 132
5000 Köln 71

Informationen, Beratung und Fortbildung auch bei:

BJKE-
c/o Peter Raske
Am Kamp 31
D-2990 Papenburg

LAG Kulturpädagogische Dienste/
Jugendkunstschulen NRW e. V.
Luisenstr. 22
4750 Unna

Weiterbildungseinrichtungen
in jeder größeren Stadt bieten Kurse, Workshops und
Fortbildungen an, die diverse Zirkustechniken zum Erlernen
und Vertiefen beinhalten.

*Fort- und Weiterbildung für Mitarbeiter in der Kinder-,
Jugend- und Erwachsenenarbeit – für kulturpädagogische Arbeit*

(Beispiele, außeruniversitär)

Pädagogische Aktion
Schellingstr. 109a
D-8000 München 40

Akademie Remscheid
Küppelstein 34
D-5630 Remscheid 1

Jugendhof Vlotho
Oeynhauser Str. 1
D-4973 Vlotho

Theaterpädagogisches
Zentrum
Lingen, Professorenhaus
Am Schulplatz 5–6
D-4450 Lingen/Ems

Bundesakademie für
musische Jugendbildung
Hugo-Herrmann-Str. 22
Postfach 1158
7218 Trossingen

Literaturhinweis

F. Kröger: Aus- und Fortbildungskonzepte in der Kulturpädagogik. Kulturpolitische Gesellschaft e. V., Stirnband 8–10,
Hohenhof, D-5800 Hagen

*Kulturpädagogische Einrichtungen und Initiativen –
für Kinder und Jugendliche (Jugendkunstschulen
NRW)*

*Dach verschiedener Landesarbeitsgemeinschaften
zu Spiel und Theater:*

Landesvereinigung kulturelle
Jugendarbeit NRW
c/o Jürgen Speh
Tiethofstr. 19
4190 Kleve

Jugendkunst- schule Bleiwäsche St. Agathastr. 9 4798 Bleiwäsche	Jugendkunst- schule Bonn/Rhein Sieg Wolfstr. 10 5300 Bonn	Jugendkunst- schule Köln e. V – KuM & LuK – Hamburger Str. 2–4 5000 Köln 1
Jugendkunst- schule der BI Rund um St. Josef Südstr. 53 4150 Krefeld	Jugendkunst- schule im Kreativ-Haus Münster Diepenbrock- str. 28 4400 Münster	Jugendkunst- schule Unna Luisenstr. 22 4750 Unna

Jugendkunst-
schule
Vlotho
Lange Str. 53
4973 Vlotho

Jugendmusik-
und
Jugendkunst-
schule
der Stadt Rem-
scheid
Elberfelderstr. 20
5630 Remscheid

„Aber Hallo" e. V.
Kulturpädagogi-
scher Dienst
Ottostr. 8
5100 Aachen

Kultur- und Bil-
dungskooperative
Schulenburg
Hattingen
Kirchplatz 21
4320 Hattingen

Jugendkunst-
schule
Wanne-Eickel
Hauptstr. 257
4690 Herne 2

MuKuTaThe-
Werkstatt
Escher Str. 116
5000 Köln 60

AKKI e. V.
– Aktion und Kultur
mit Kindern
Brunnenstr. 40a
4000 Düsseldorf

Jugendkunst-
gruppen der
Stadt Leverkusen
Kerschensteiner
Str. 2
5090 Leverkusen

Jugendkunst-
schule im
Nachbarschafts-
haus Wambel
Koerstr. 1
4600 Dortmund

Jugendkunst-
schule
Grevenbroich
Alte Feuerwache
Schloßstraße
4048 Greven-
broich

Spezial-/Rauch-/Feuereffekte

Günther Schaidt
Postfach 1212
Blankeneser Chausee 26
D-2000 Schenefeld/HH

Theaterschminke

Theaterpädagogisches
Zentrum Lingen
Universitätsplatz 5–6
4450 Lingen/Ems

Kryolan
Papierstr. 10
D-1000 Berlin

Ballons/Bälle/Spielgeräte

W. Everts
Spielwarenfabrik
Wiesenstr. 2–10
D-4354 Datteln

Ballonadresse No. 1
Zeugfang GmbH
Mönchebergstr. 44
D-3500 Kassel

Erdbälle/Fallschirme

AOL-Verlag
Waldstr. 17
7585 Lichtenau

Zauberartikel

Stolina Magie
Robert Fislage
Mierendorffstr. 42a
D-4740 Oelde 1

Alfred Kellerhoff
Postfach 320127
D-5300 Bonn 3

Zauberzentrum Janos Bartl
Billhorner Brückenstr. 40
Mercedes-Haus 6. Etage
D-2000 Hamburg 28

the magic hands
Manfred Thumm
Oderstr. 3
Postfach 1241
D-7033 Herrenberg

Dekomaterial/Kostüme (Beispiele)

Deko Zentrum SCHMITT
Ferdinand-Porsche-Str. 5
D-5000 Köln 1

Festartikel SCHMITT
Johannisstr. 67
D-5000 Köln 1

Kostümfundus: Theaterpädagogisches Zentrum Lingen (s.
Schminke)

Beleuchtungstechnik (Beispiele)

Strand Lighting GmbH
Postfach 4449
D-3300 Braunschweig

Ausleihe:
Theaterpädagogisches
Zentrum Lingen
(s. Schminke)
(500 W / 600 W / 1000 W
Scheinwerfer, Regelpult,
Stative, Kabeltrommeln)

Zirkus-/Zeltverleih (Beispiele)

Sonswas Theater
Im Regensiek 8
D-4520 Melle 8/Suttorf

Clowns mbH
Bochumerstr. 271
D-4650 Gelsenkirchen

Familienzirkus Renz
c/o Lo Button/Knopf
Marthastr. 12
D-4100 Duisburg

Rent a Tent
c/o Uwe Labus
Keplerstr. 116
D-4730 Ahlen

Flammersfeld-
Hartleif MUSIK
Hertinger Str. 98
D-4750 Unna

Buttonmaschine-Verleih

Nicolina's Button
Hans Engels
Kirchstr. 13
D-5167 Vettweis-Kelz

Seifenblasen

Unser Rezept:
10 l Wasser
½ kg Zucker
25 g Tapetenkleister
¾ l Neutralseife
(Herst.: Haka-Werke
7035 Waldenbuch)

Herstellung: 9 l lauwarmes Wasser in eine große Schüssel geben, Zucker in 1 l heißem Wasser auflösen, Zuckerlösung, Kleister, Seife in das lauwarme Wasser sämig rühren, mehrere Tage stehen lassen!

Fa. Wilhelm Schnitzler
Franzstr. 29
D-5000 Köln 41
(Hier: Chemikalien zum Sei-
fenblasenrezept)

Pappnase & Co u. a.
(s. Clownerie/Jonglieren)

Fertiges Konzentrat:
Fa. Rolf Hein KG
Postfach 1640
D-7400 Tübingen 1

4. Filme und Musik

Zirkusfilme

– in Landesbildstellen/Medienzentralen
„Der Zirkus kommt" – Ankunft, Aufbau, Vorstellung eines kleinen Zirkusses, 22 min, 1966
„Armer kleiner Zirkus" – kleiner Wanderzirkus im Familien-betrieb, 14 min
– in der Akademie Remscheid
„In euren Herzen wachsen Purzelbäume" (kostenfreie Ausleihe)
– bei atlas film + av
„Artisten in der Zirkusgruppe: Ratlos"
„Zirkus"
„Ein Zirkus voller Abenteuer"
„Rampenlicht"
„Roncalli – mehr als ein Zirkus"

Literaturhinweis:

S. Hermes: Circus Filme. Kommunales Kino Hannover.
Verlag Brigitte Tast. Laaseweg 4, 3209 Schellerten
(Filmanfragen: Kommunales Kino Hannover
          Sophienstr. 2
          3000 Hannover 1)

Musik-Auswahl

für Zirkus, zum Tanzen, Springen, Toben, Aufwärmen, Ausdruck-Verleihen

indisch: Triatma: Instead of drugs
meditativ/ruhig: A. Vollenweider: Behind the gardens . . .
   Tangerim dream: Pergamon
   Kitaro: Silk road
   Tony Scott: Music for Zen-Metitation
   Deuter: Silence is the answer
instrumental/flüssig: Pat Metheny Group: Travels
   Egberto Gismonti: Solo
   George Winston: Autumn
   Keith Jarrett: The köln concert
elektronisch: Mike Oldfield: Tubular Bells
   J. M. Jarre: Zoolook

The art of noise: Invisible silence
experimentell: Laurie Anderson: Big Science/Mister Heart-break
   Barbara Thompson: Pure Fantasie
   Vor der Flut – Hommage an einen Wasserspeicher
Menuett u. ä.: MC's, Tanzanleitungen bei P. Ausländer
   Jugendhof Vlotho (s. Fortbildung)
rhythmisch: Africa Djole': Yankadi
   Mombasa: Tathagata
   Luis Agudo: Afro Samba
   The Ondekoza: Devils on drums
Geräusche/Effekte: 53 Geräusche für Dia und Film. Philipps (6402001 L)
   Geräusche in Stereo 1/4. Europa-Müller-International-Schallplatten (LP 111044.6/MC 511044.0 – LP 111046.2/MC 511046.7) (– in Stadtbüchereien/Medien-zentren ausleihen!)
interessante Einleitungen: Emerson/Lake/Palmer: Fanfare for the common man, in. Works
   Bollock brothers: Faith healer, in: The 4 horsemen
Zusammenstellungen: U. Boerger, u. a.: Tanzen, Bewe-gen, Darstellen. F. Velber Verlag, Im Brande 15, 3016 Seelze 6
   (s. auch: sportpädagogik 3/1983: Musik, die Bewegungs-ideen provoziert.)
Spiele, Lieder mit Musik: Fidula-Verlag, Postfach 240, 5407 Boppard: Komm, wir spielen (LP/MC), Tanzzirkus (1212), Zirkus Picobello, Tanzkarussell 1. A. Gaß-Tutt (80)
B. Schotts Söhne, Werkreihe B 173, Bausteine für Musiker-ziehung und Musikpflege – E. Werdin: Zirkus Troll – Ein Spiel für Kinder. 1970
Drehorgelmusik: Sir John: Es war einmal. Gold records (LP 11029/MC 12029)
Zirkusmusik: Circus, Cirque, Circo. Gold records (LP 11125/MC 12125) Bernd Herion, Alte Landstr. 23, CH-8942 Oberrieden ZH
   Piccolo und Sax im Zirkus. Tiere gestalten einen musi-kalischen Zirkus, Phonogramm Hamburg (LP 6436014 L)
   Joe Schwarz Roncalli Orchester: Die Reise zum Regen-bogen/Circus Roncalli. AOL-Verlag (Best.Nr. 207)

5. Finanzquellen

Nach Finanzquellen Ausschau halten!

Gibt es Finanzierungsmöglichkeiten
a) in der Kommune?
Ämter, Ausschüsse, Fonds, Stiftungen, Privatpersonen, Firmen . . .
b) durch Eigenmittel?
Fördermitglieder, Förderkreise, Elternpflegschaftsmittel . . .
c) durch das Angebot des Projekts als kulturpädagogischer Dienst an Verbände, Vereine, Bildungshäuser, Schulen . . .?
d) durch eine regionale Förderung?
Dachverbände, Zusammenschlüsse von Gruppen (Mitgliedschaft!) oder kulturpädagogisches Angebot
e) durch eine überregionale Förderung?
Etatmittel des Landes, für überregionale Projekte und Veranstaltung; Mittel des Bundes für größere Modellprojekte mit überregionaler, bundesweiter Bedeutung.

Finanzierungsquellen

Antragsteller: Eingetragene, gemeinnützige Vereine

Beispiel NRW

MAGS – Ministerium für Arbeit, Gesundheit und Soziales NRW Horionplatz 1 4000 Düsseldorf	Institutionelle Förderung für Träger kulturpädagogischer Arbeit über Landesjugendplan, Pos. I 3c und andere Positionen
Kultusministerium NRW (sog. Feuerwehrfond) Völkingerstr. 49 4000 Düsseldorf	Projektförderung für neue, bürgernahe und alternative Kulturarbeit (über den Regierungspräsidenten beantragen!)
Landschaftsverbände, Landesjugendämter (Westfalen Lippe)	Förderung modellhafter, kultureller Veranstaltungen und Projekte der Stadtteilarbeit mit Kindern und Jugendlichen
Kommune:	
Kultur- und Jugendamt, Schul- und Sportamt, Amt für Wirtschaftsförderung	kommunale Richtlinien anfordern!
Sparkassen	Zuwendungen aus Jahresüberschüssen
Bußgelder	Antrag auf Aufnahme in die Liste der Präsidenten der Landgerichte und der leitenden Oberstaatsanwälte (+ Satzung, Gemeinnützigkeitsbescheinigung, Kontonummer). Empfehlenswert: Kontakte zu Richtern!

Stiftungen und Fonds

Eigenmittel

a) Spenden
Presse-, Spendenaufruf, Sachspenden und Spenden von Firmen für spezielle Projekte, Spenden von Mandatsträgern, Aufstellen von Spendenbüchsen und Straßensammlung, Spendenwerbung im „Milieu" der Mitarbeiter, Spenden von Besuchern, Benutzern der Einrichtung.

b) Veranstaltungen/Feste

Fest mit Tombola oder Versteigerung, Eintopfverkauf bei Großveranstaltungen, Beteiligung an Veranstaltungen/Festen, Überschüsse bei Nachbarschaftsfesten, Stadtteil- und Straßenfesten, Benefizkonzerte, kulturelle Aufführungen und Spendensammlungen.

c) Verkauf

Losbrieflotterie und Wohlfahrtsmarken (für Mitgliedsorganisationen DPWV), Info-Stände mit Verkauf von Luftballons, Plakaten, Buttons, Kaffee- und Kuchenspendenverkauf (von Bäckereien, Krankenhäusern, Familien), Bauchladenverkauf, Verkaufsaktionen, z. B. Kinderkleidung, Bücher, Zeitschriften . . .

Literaturhinweise

Zur Vereinsgründung:
E. Forster: So führe ich einen Verein. Econ Verlag. 1987
G. Schweyer: Der eingetragene Verein. Sauter Verlag. 1982
Zur Gemeinnützigkeit:
Informationsbroschüre des Finanzministers NRW: Vereine und Steuern. Heft 30. Presse- und Informationsreferat, Jägerhofstr. 6, 4000 Düsseldorf
Info-Material vom Finanzamt
Zur Finanzierung:
LAG-kulturpädagogische Dienste/Jugendkunstschulen NW: Finanzierung. Finanzierungsmöglichkeiten für kulturpädagogische Einrichtungen und Initiativen. Unna 1986
Neuhoff, Schindler, Zwingmann: Stiftungshandbuch. Baden-Baden 1983 (Übersicht über die größten Stiftungen in BRD)
Deutsches Paritätisches Jugendwerk (Hrsg.): Zwischen allen Stühlen. Finanzierung von Jugendkulturarbeit. Dez. 1988 (zur Erschließung von Förderungsarten)

6. Stichwortverzeichnis

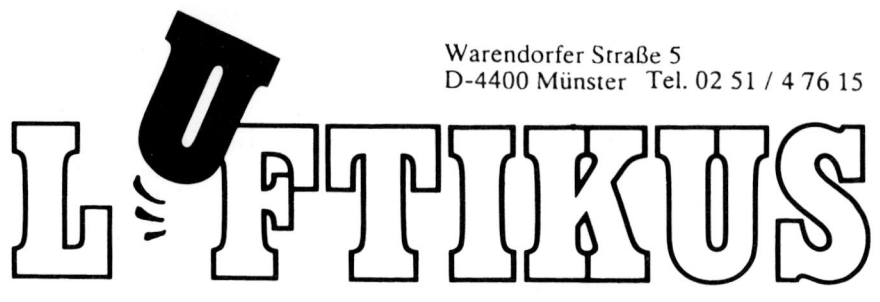

LÜFTIKUS

Warendorfer Straße 5
D-4400 Münster   Tel. 02 51 / 4 76 15

Gratiskatalog anfordern!

Clown
Schminken
Jonglerade
Kindertheater
Zauberartikel
Riesenballons
Theater machen
Spielmaterialien
Seifenblasenspaß
Feuer(werk) u. Rauch

Materialien :

Schminkkoffer

Kostüm

Artistik

Zirkus selber machen

Masken

Musik

Bücher